Komedije I

Komedije I

Narodni poslanik, Sumnjivo lice

Branislav Nušić

Globland Books

NARODNI POSLANIK

— komad u tri čina —

Predgovor autora

Narodnog poslanika napisao sam pre četrdeset i osam godina. Ja sam i ranije pisao neke komadiće, te ih ili prikazivao sa drugovima ili ih, verujući u njihovu vrednost, čuvao u svome stolu, no bez hrabrosti da ih objavim; ali je *Narodni poslanik* prvi komad koji sam napisao sa namerom da ga predam Narodnom pozorištu na prikazivanje. Pa ipak, zazorno mi je bilo da se u svojoj devetnaestoj godini javim pozorišnoj upravi i tražio sam ne bi li me ko na to ohrabrio. To ohrabrenje mi je došlo iz kuće Ilića, iz koje je tada nicao mnogi književni podsticaj i mnogi pokret.

Pesnička kuća Ilića bila je osamdesetih godina jedini književni klub u prestonici. Svi pokušaji, i raniji i pozniji, da se osnuje kakvo književno društvo koje bi književnike zbližilo i dalo jačega podsticaja književnosti, nisu ni blizu dobacivali onome uticaju koji je u tom pogledu imala kuća Ilića. Kroz tu kuću, na kojoj su i danju i noću vrata bila otvorena, prošlo je nekoliko generacija književnika: na pragu te kuće susretali su se stara romantična književnost, koja je već izumirala, i nova, realistična, koja se mesto nje javljala; kroz tu kuću, jednom rečju, prodefilovala je cela naša književnost sedamdesetih i osamdesetih godina. Počevši od Matije Bana, Ljube Nenadovića, Čede Mijatovića, Đorđa Maletića i Jovana Đorđevića, ja sam lično u Ilićevoj kući sretao Vladana Đorđevića, Lazu Kostića, Đuru Jakšića, Lazu Lazarevića, Milorada Šapčanina, Zmaja, Kaćanskoga, Đuru Jankovića (darovitog i rano preminulog pesnika),

KOMEDIJE I

Jašu Tomića (tada neobično popularnog socijalističkog pesnika), Pavla Markovića-Adamova, Milovana Glišića, Svetislava Vulovića, Vladimira Jovanovića, Janka Veselinovića, Simu Matavulja, Brzaka, Svetolika Rankovića, Kostu Arsenijevića (tipografa, socijalističkog pesnika), Stevu Sremca, Matoša, Domanovića, Šantića, Ćorovića, Božu Kneževića, Ljubu Nedića, Nikolu Đorića, dr Milana Savića, Iliju Vukićevića, Milorada Petrovića, Jovana Skerlića, Milorada Mitrovića, i još jedan dugi niz manje znatnih kulturnih i nacionalnih radnika.

Susreti nabrojani u kući Ilićevoj nisu mogli ostati bez posledica, i često se mnogi pokret tadanji i mnogi pokušaj javljaju kao rezultat tih susreta. Može se gotovo tvrditi da je ovo literarno pribežište — Ilićeva kuća — bilo sredina u kojoj se razvijao proces prelaza iz romantizma u realizam; da se iz te sredine razvila ona snaga koja je suzbila literarnu hegemoniju Novoga Sada i izvojevala Beogradu prvenstvo, i najzad, da je ta sredina, dajući u Vojislavu pesničkoga reformatora, dala književnosti i mnoga druga znamenita imena.

Mene je u kuću Ilića uveo Vojislav, s kojim sam još od 1880. godine drugovao, pošto smo se ranije već sretali radovima u pojedinima listovima. U početku se moje i Vojislavljevo poznanstvo svodilo na obična viđenja kod „Dardanela", znamenitoga kluba boemskoga i duhovitoga Beograda osamdesetih godina, ali je, nešto zatim, naše poznanstvo postalo tešnje, te sam postao ne samo svakodnevni gost već pogdekad i stanovnik kuće Ilićeve.

Ulazak u pesničku kuću Ilića za mene je tada imao naročitu draž. U mašti šesnaestogodišnjega mladića, ta kuća mi je izdaleka izgledala kao neki čarobni zamak, ili kao nedokučno gnezdo gde stanuje stari orao, a orlići izleću u svet i vraćaju se svečeri na legalo. Stari Jovo Ilić — „tatkana" kako su ga zvala deca, a kraj njih i svi mi ostali — bio je tada još vrlo krepak starac. To je upravo bilo doba kada se sa pokretanjem Vladanove *Otadžbine* (1875) on, dotle dugo vremena otrgnut politikom, ponovo vraća pesmi i peva jednim novim, čudnim i egzotičnim manirom:

Cvijet mi cvati, Džemšed-lale
Adžem đul;
Biser mi sjaje, Basra-kale,
Istambul!

Najstariji od braće Ilića, Milutin, kada sam ja došao u kuću, nije bio u Beogradu. Bio je u nekom srezu beogradskog okruga sreski starešina i često je dolazio, a često i gubio službu te se doseljavao u Beograd. Iako valjan činovnik, Milutin je bio izdanak omladinskoga pokreta na Velikoj školi, te se nije umeo dovoljno prilagoditi vremenu i režimu. Stoga nije bila nimalo neobična pojava da se pred kućom Ilićevom zaustave kočije pokrivene arnjevima sa denjkovima, koritom, nogarima i stolicama privezanim o šarage. To je Milutin izgubio službu, i eno gde se izvlači, onako suh i krakat, ispod arnjeva, da se naseli u očevoj kući dok opet ne dobije službu.

Milutin Ilić je bio neobično marcijalna pojava; preplanula lica i oštrih linija, dubokih i toplih očiju, visokih ramena i dugih brkova. Odeven u narodno odelo sa pištoljima u silavu, on bi ličio na sliku pobeglu iz muzeja koja predstavlja orašačke ustanike. No karakterom svojim Milutin niukoliko nije odgovarao takvoj spoljašnosti. On je bio osobito blag i pitom, topao u odnosima i vrlo duhovit. Milutin je imao eminentan dar za humor i satiru, što je objavljenim radovima dovoljno i naglasio. Što taj dar nije razvio do onih razmera do kojih je mogao, dva su uzroka. Prvi je: klasičarska atmosfera Ilićeve kuće, u kojoj se ta vrsta književnosti osećala kao divlji cvet u leji pitomih i plemenitih ruža, a drugi je uzrok bio njihov brak. Najstariji Ilić imao je naime jedan supružanski vrlo srećan brak, ali njegova supruga i suviše je težila, i uspevala u tome, da ga izdvoji iz sredine

KOMEDIJE I

u kojoj se jedino mogao njegov talenat razvijati, i suviše je htela da ga načini „domaćinom", izdvajajući ga iz one sredine koja je imala jedan ležeran pogled na sve vrline nabrojane u čitanci za prvi razred osnovne škole. Ja mislim da su to okolnosti koje su omele Milutina da se jače izrazi u književnosti.

Dragutin Ilić, prvi po Milutinu, bio je tada već zaogrnut jednim višim oreolom. Poeta koji još sa Velike škole — gde nosi pokret lista *Pobratimstva* (1884) — probija sa svojim drugovima Nikolom Ćorićem i Vladimirom Jovanovićem naglo u književnost, i rasipa svoje radove kroz stupce svih literarnih listova u Srpstvu, on ubrzo stupa i na pozornicu, što je za tadanju, pozorišnoj umetnosti vrlo naklonjenu omladinu, imalo naročitu draž. Dragutin ne samo da se odaje drami, već postaje najznačajniji predstavnik onoga živoga pokreta osamdesetih godina koji obećava da nam donese obnovu nacionalne drame.

Dragutin Ilić je u stvari bio predstavnik kuće Ilića, i „tatkana", koji je imao puno nežnih osećanja za Vojislava, jedino bi sa Dragutinom razgovarao i o političkim i o literarnim i o porodičnim poslovima. Ali, iako njen predstavnik, Dragutin ipak nije uvek i dovoljno pripadao kući, zauzet sem poezije još i svima drugim javnim pokretima, političkim, nacionalnim i kulturnim. I mada od svih Ilića preživljuje najburniji život, ipak je on najplodniji, najviše piše, bavi se svima vrstama poezije (pesma, lirska i epska, roman, priča, drama); rasipa snagu i na filozofske i političke probleme, a troši se i u dnevnoj štampi polemišući i pišući političke članke.

Uvek marcijalan, sa kalabreskim šeširom i raščešljanom bradom, neizmenjene spoljašnosti i držanja sve do starosti, on je nama mladima, kad smo dolazili u kuću Ilića, naročito imponovao. Otuda je na mene i imao uticaja savet koji mi je on negda dao: da napustim pesmu (ja sam se u početku svoga književnog rada, kao svi, najpre i najradije bavio pisanjem pesama) i da se odam pisanju komedije.

Vojislav, treći Ilić, bio je tada kada sam ga ja prvi put poznao, mlado i golobrado momče, koje su tada u kući odmila zvali „Ćela" zbog vrlo retke kose u detinjstvu. On je pevušio doduše, ali još bez onoga zamaha kojim će, malo docnije, privući na sebe pažnju svega literarnog sveta. Vojislav je u kući smatran i pažen kao mezimac, jer je njegov mlađi brat, Žarko, bio vrsta odmetnika koji se združio sa Palilulčićima, išao sa njima u one znamenite bitke beogradske dečurlije, odlazio u lov na senice i štiglice, zametao po periferijskim rogljevima bitke, i uopšte obećavao da ne pripada kući Ilića, kojoj se tek docnije vratio i združio sa braćom, kada se u njemu javlja jedan od najduhovitijih usmenih pripovedača našega doba. Da nije tako straćio detinjstvo, što mu je i oduzelo volju da se bavi perom, da se ranije priljubio braći i onoj sredini oko njih, u Žarku bi naša književnost imala jednoga velikoga pripovedača i najizrazitijega predstavnika realističke priče.

No Vojislav je prigrabio Žarkov položaj mezimca i uživao sve simpatije i nežnost roditelja i kuće još i stoga što je bio slabunjav, uvek bled, upalih očiju i nerazvijenih grudi. Žarko, koji je možda bio gdekad i ljubomoran na Vojislava, često ga je ismevao što piše pesme. U tim prilikama bi mu uvek citirao njegovu prvu pesmu, koju je Vojislav kao dete od dvanaest godina, đak prvog razreda gimnazije, napisao, i koju su svi sem Žarka zaboravili. Ja sam pojedine delove te detinje pesme upamtio, blagodareći samo tome što ih je Žarko vrlo često ponavljao prkoseći Vojislavu, koga je to jedilo. U toj prvoj pesmi Vojislav ismeva svoju braću, Milutina, Dragutina i Žarka, kada su pošli u Topčider da nabave za bašte rasade. Putuju njih trojica — veli Vojislav u pesmi — i kad su došli do nasred šume, najstariji brat, koji se dotle junačio i hrabrio, oseti silan strah:

A kad zbrisa čelo znojno,
Reče tada Šojdin vojno:

KOMEDIJE I

— Ala, braćo, ala, druzi,
Duboki su ovi luzi,
Strahota je njima ići,
Jer čas može kurjak stići!

Na to drugi brat odgovara:

Kakav kurjak, ha, bogami,
Svog krvavog, na nožu mi
Pušila b' mu s' zverska krv!
Čujte gore, čujte luzi
Počujte me, verni druzi,
Postanuće kurjak strv!
Treći junak, mnogo manji,
Mnogo suvlji, mnogo tanji,
Al' nosina ipak duga,
Nadmašuje oba druga...

Ovaj treći predlaže da se vrate, ali najstariji — junačina — neće, već ih hrabri. Kurjak, međutim, slušao ceo taj razgovor, pa se odjednom pojavi, a „junačina" nada prvi u bekstvo. Sve se svršava stihom kako se kurjak slatko smejao svojoj šali:

A kurjak je tada stao,
Pa se slatko nasmejao.

Docnije, kada bi mu, uz čašu vina, Žarko citirao ove stihove, Vojislav se i sam slatko smejao.

Vojislav je bio neobično simpatična pojava i u životu van kuće, te je uživao ljubav i bio, takoreći, ljubimac tadanjega društva. Uvek zakopčana kaputa, sa jednom rukom u džepu od pantalona i cigaretom u drugoj ruci, Vojislav je hodio odmereno, malo uzdignute glave i uvek zamišljena pogleda. Bilo je nečega vrlo otmenoga u njegovoj pojavi. Ophodio se sa ljudima neobično ljubazno i prema svakome je bio srdačan, iskren i poverljiv. Materijalne nevolje, koje su ga stalno gonile, podnosio je sa bezbrižnom ravnodušnošću, i bio je kadar i usred najveće nevolje pisati sa toliko isto nadahnuća i duševne snage, kao što bi to i pri najboljem raspoloženju činio. Mnoga je njegova dobra pesma baš u takvim časovima nevolje pisana.

Vojislav ne samo što je imao mnogo slikarskoga elementa u poeziji, već je imao i slikarskih manira pri samom pisanju. Mnogo smo vremena probavili zajedno, a poslednje godine njegova života, koju smo opet proveli zajedno u Prištini, bili smo gotovo i pod jednim krovom. *Amora na selu* pisao je tada preda mnom, u mome prisustvu, i sećam ga se dobro na samome radu. Pred njim su bili čisti, beli listovi hartije, i on je po njima, čitkim slovima, pisao sa zadovoljstvom, lako, bez natezanja. Stih mu je tekao iz pera kao da ga je unapred smislio, jedva bi se pogdekad zadržao, ponovo pročitao ispisani red, zamislio se, trgao dim iz cigarete, pa se opet vratio ispisanome stihu, prebrisao reč i zamenio je srećnijom, jačom, pogodnijom. Ličio mi je tada na slikara koji lako preleti preko platna kičicom, izmiče, zastaje, i opet se vraća da pojača, da bolje osenči pojedina mesta. Tako je on uvek pažljivo radio, pa čak i onda kada je u kafani, na prljavome parčetu haratije, možda i na poleđini jelovnika, pisao stihove kakvome uredniku dečjega ili šaljivoga lista, koji je tu za stolom čekao sa honorarom od pet ili deset dinara u džepu.

Između mene i Vojislava bilo je toliko poverljivih, toliko intimnih odnosa da je upravo sasvim prirodno što sam se ja njemu obratio i poverio da sam napisao jednu šaljivu igru, i njemu ostavio da organizuje forum pred kojim bih stvar pročitao. I Vojislav je našao da bi taj forum bio najbolje sastavljen iz Milutina Ilića, Vladimira Jovanovića, koji je tada već važio kao poznati satiričar, i Koste

Arsenijevića, tipografa, socijalističkoga pesnika. Bilo je to s jeseni 1883. godine, kada sam pred označenima, i u prisustvu Vojislavljevom (Dragutin nije bio u Beogradu), čitao jedno poslepodne *Narodnoga poslanika* tamo u dubini Ilićeve bašte, pod velikim orahom. I Milutin i Vlada su me ohrabrili, a socijalista-poeta Arsenijević čak je bio i oduševljen.

Iako dovoljno ohrabren, ja nisam smeo lično da podnesem rukopis Miloradu Šapčaninu, bojeći se, kad stanem golobrad dečko u devetnaestoj godini preda nj, oličenoga birokratu, da ću unapred izazvati nepoverenje prema delu. Predao sam rukopis posredno, preko jednog glumca, moga prijatelja.

Valja mi ovde pomenuti da je moj rukopis, kome je bio naslov *Narodni poslanik*, a siže ismevanje političke borbe, izbora i poslanika vladine stranke, pao na upravnički sto baš u trenutku kada su političke strasti u nas dostigle bile kulminaciju, izraženu u jednoj revoluciji koja se baš u to doba krvavo ugušivala u istočnoj Srbiji. I, dok je takav rukopis, u tako nezgodnome času, ležao na upravničkom stolu, za tim stolom je sedeo čovek koji je bio oličenje lojalnosti i bigotni poklonik postojećem redu i režimu. Pod takvim okolnostima, komad koji je za to doba predstavljao pravu revoluciju, imao bi otići u arhivu i nepregledan. Ima se samo jednoj okolnosti blagodariti što je on ipak dat recenzentima na ocenu. Razvila se bila u to doba u javnosti oštra kampanja protivu uprave pozorišta što izvornu dramu ne samo ne podržava, već je i potiskuje. Šapčanin, koji je kao malo ko vodio računa o javnoj reči, hteo je, dakle, da pred napadima bude obezbeđen i pokriven stručnim recenzijama, i tako moj komad dospe u ruke Milovana Glišića i Laze Lazarevića da o njemu referišu. I u odboru i u pozorišnim krugovima zavladala je izvesna radoznalost o komadu koji se javlja u doba apsolutističke vladavine romantike na pozornici, te već tim predstavlja revolucionarnu, a s obzirom na političke prilike u zemlji gotovo i nihilističku pojavu.

Blagoje Nedić, sestrić Laze Lazarevića, tadanji učitelj a kasnije i sam pisac jednoga komada (*Na nizbrdici*) pričao mi je tada — a i sada još prepričava — o jednoj večeri kod Laze Lazarevića na kojoj su bili Šapčanin, Ljuba Kovačević i Vladan Đorđević, tadanji pozorišni odbornici. Vladan je tada o večeri radoznalo pitao Lazu Lazarevića:

— Pročita li, Lazo, onoga *Poslanika*?

— Pročitao sam.

— Pa šta veliš?

— Dobar domaći pasulj, ali bez zaprške! — odgovori Lazarević.

— More, ako je samo dobro skuvan i ako se da svariti — odgovorio je Vladan — lako ćemo mu dodati malo zaprške.

Recenzenti su, razume se, morali dati i pismeni sud. Taj sud napisali su i Lazarević i Glišić na spoljnom omotu, tabaku na kome je bio naslov komada a koji je služio kao korica. Izgleda da je Glišić prvi čitao, jer on prvi ispisuje mišljenje, a Lazarević ispod njega. Glišićevo je mišljenje iz nekoliko reči i glasi: „Dobro, pogdešto skratiti i ublažiti, a ispraviti jezik." To je sve. Lazarević je jedva malo opširniji; njegova ocena glasi: „Početnički i mladićki posao, ali zaslužuje svu pažnju. Sa nešto korekture i prerade, valjana prinova originalnoj drami. Obraćam pažnju Upravi da sa puno obzira prihvati mladoga pisca koji obećava budućega komediografa."

Na osnovu ovih mišljenja, ja sam odista stekao „puno obzira" Šapčaninovih, ali ne i prikaz komada. Šapčanin je tada vodio sa mnom duge roditeljske razgovore, pune saveta, pune pouke. Zahtevao je od mene da mnogo štošta ublažujem, popravljam, pa i izostavljam. Kad god sam mu odneo rukopis ponova, on mi ga je vraćao sa novim savetima. Najzad, kad se već nije imalo gde i kako, Šapčanin mi izjavi da je komad definitivno primljen na repertoar, ali da moram biti strpljiv, jer „momentalne" političke prilike ne dozvoljavaju da se odmah i prikaže. Te „momentalne" političke prilike, međutim, trajale su godinama — kao što u nas uopšte sve "momentalne" nevolje godinama traju. Moj *Poslanik*, iako je na koricama nosio povoljno mišljenje recenzenata, iako je bio već uvršćen u repertoar, imao je da pođe na novu ocenu i nov referat. Milorad Šapčanin uputio ga je pod poverljivom numerom Ministarstvu policije, s molbom za mišljenje „kako bi se od strane toga Ministarstva tumačio prikaz ovakvog jednog komada na državnoj pozornici, i ne nalazi li to Ministarstvo da u komadu ima elemenata koji bi eventualno mogli poslužiti kao provokacija, ili bar kao povod za raznolike protivdržavne manifestacije."

I — kad je jednom moj rukopis pao u šake državnoj administraciji i dospeo kao prilog uz akta — onda već možete zamisliti dalju sudbinu njegovu. Dobio je najpre na koricama, na kojima je bilo ispisano mišljenje Laze Lazarevića i Milovana Glišića, numeru Ministarstva policije, a zatim je počeo da šeta iz kancelarije u kancelariju, od nadležnog do nenadležnog, i od nenadležnog do nadležnog, u društvu sa aktima o zločincima, o činovničkim krivicama, o političkim progonima i pograničnoj bezbednosti. U registru je dosije koji se odnosio na moj predmet dobio rubriku: *„Nušić; vidi Narodni poslanik"*, a rukopis je dospevao čas u arhivu, a čas se zavlačio u fioke pojedinih činovnika da tu počiva kao u grobnici.

Što taj rukopis nije jednoga dana krenuo u provinciju, u kakav okrug možda, ili što nije udružen sa kakvim drugim predmetom, otišao u Upravu Fondova, pa da se otud vraća kao „nenadležno" upućen, ima se blagodariti jedino srećnoj slučajnosti što je jednoga dana dospeo u ruke književniku-policajcu Tasi Milenkoviću, koji ga je istrgao iz kandži državne administracije i vratio ga pozorištu.

A dok je moj *Narodni poslanik* putovao iz kancelarije u kancelariju ili se baškario po policijskim fiokama, dotle je vreme naglo odmicalo, godine prolazile, život se menjao. Kampanja protivu Šapčanina, što ne prinavlja originalni repertoar, ne samo da nije prestajala, već je sve više rasla. Razume se da u toj kampanji i mi mladi a beznadežni pisci nismo bili samo nevini čitaoci.

Kada je ta kampanja uzela bila već široke razmere i prešla u otvoreno negodovanje, Šapčanin je osetio potrebu da se javno opravda. Toga radi priredi on jednu sednicu pozorišnog odbora 27. marta 1888. godine, na samoj pozornici, pred publikom. Na toj sednici u uvodnome govoru on se pravda, i u tom pravdanju vrlo je interesantan i karakterističan pasus koji se odnosi na moj komad, koji već godinama važi kao primljen, ali se nikako se ne igra. — *Narodni poslanik* od B. Nušića — veli Šapčanin u svome govoru — prošao je kroz dve purgatorije, pa i u ovoj trećoj redakciji, koju je pisac usvojio, upućen je na čekanje, jer su se međutim događali izbori poslanika, sa raznim epizodama koje su dale povoda mnogoj prepirci u štampi. I tim samim postao je *Narodni poslanik* nemogućan. U komadu dolazi mnogo štošta što vređa i poslanike i članove vlade. Narodni poslanik, glavno lice u komadu, prikazan je kao blesan. Bi li to godilo poslanicima koji su, isto tako kao i ovaj, trgovci, zanatlije i seljaci? I kad taj poslanik govori: da će on u skupštini govoriti kako mu kažu ministri u Beogradu („ministri će njega naučiti"), da li to onda može primiti pozornica koja je pod vrhovnom upravom vladinom? Koja vlada, koji mudri državnici mogu ovo dozvoliti u zavodu što visi o njihovoj vrhovnoj brizi?

Šapčanin me je pre ovakve svoje javne besede zvao i ponudio mi da napišem kakav drugi komad, koji bi bio pogodniji i koji bi se dao prikazivati, dok bi *Narodni poslanik* međutim čekao zgodnije prilike. Ja sam ga poslušao i napisao sam — *Sumnjivo lice.*

Posle Šapčaninove besede, mene su osudili na dve godine zatvora zbog jedne političke pesme, te je i ta okolnost osudila ujedno i *Narodnog poslanika* na sve duže, na jedno beskrajno čekanje. Iz zatvora sam doneo *Protekciju,* te je jedva ona uspela da bude prikazivana, a *Poslanik i Sumnjivo lice* imali su dalju, svaki svoju, dugu i zanimljivu istoriju.

LICA:

JEVREM PROKIĆ
PAVKA, njegova žena
DANICA, njihova kći
SPIRA, Jevremov pašenog
SPIRINICA
IVKOVIĆ, advokat
GOSPA MARINA, njegova tetka
SEKULIĆ, policijski pisar
JOVICA JERKOVIĆ
SIMA SOKIĆ
SRETA
PRVI, DRUGI, TREĆI GRAĐANIN
GOVORNIK IZ NARODA
MLADEN, pokućar Jevremov
KAFANSKI MOMAK
ŽANDARM
ŠEGRT

PRVI ČIN

Soba kod Jevrema Prokića. Vrata sa desne strane i u dnu. Na levom zidu dva prozora, na svakom čiste zavese i saksije sa cvećem. Između prozora minder sa žanilskom zastirkom; sa strane bolje drvene stolice. Između prozora veliko ogledalo u zlatnom ramu. U uglu između ovog zida i zadnjeg, veća gvozdena peć koja se loži spolja. Između peći i vrata orman sa fiokama, a više ormana kredom rađene slike, Jevremova i Pavkina. Na ormanu vazna sa cvećem, figurice od gipsa, veći sat, šatule od bombona, slike u ramovima sa naslonom, i druge sitnice. Na desnom zidu, od publike pa do vrata, mali etažer na tri sprata i na njemu šoljice, čaše i još pogdekoja sitnica. Na sredini sobe sto sa kupovnim čaršavom i oko njega stolice. Nad njim visi sa plafona veća lampa.

Palanačka soba iz osamdesetih godina u čiji se stil uneo i ukus devojke koja je pogdešto primila odlazeći rodbini u Beograd.

I

PAVKA, DANICA

PAVKA *(dolazi iz desnih vrata, pa kad vidi da nikog nema u sobi, odlazi vratima u dnu, napolje)*: 'Odi ovamo! Čuješ li, ovamo kad ti kažem!
DANICA *(ulazi).*

PAVKA: Ti opet? Jesam li ti hiljadu puta kazala: neću da te vidim tamo!

DANICA: Bože, majka!...

PAVKA: Ama nemoj ti meni: „Bože majka!" Neću da te vidim tamo kad nemaš posla, pa to.

DANICA: Učinilo mi se da je pala saksija.

PAVKA: Pala saksija, hm! Nije nego još nešto! Što se meni ne učini da je pala saksija!

DANICA *(gunđa)*: A, već...

PAVKA: Šta kažeš?

DANICA: Ništa!

PAVKA: Slušaj ti! Moja majka nije vukla rep za sobom, nisam ga ni ja vukla, pa ne dam ni ti da ga vučeš! Ne dam, razumeš li me...

DANICA: Bože, majka, kakav rep?

PAVKA: Nego šta, ako te uzme svet u usta?

DANICA: Eh, već svet!...

PAVKA: Svet, dabome!

DANICA: A Mica Antićeva, je l' imala ovoliki rep, pa šta? Opet se udala!

PAVKA: Neću ja tebe s repom da udajem, razumeš li? I ne nađe drugu da mi kažeš nego Micu Antićevu! Što mi ne kažeš za Rosu Janjićevu? Eto, baš krasna devojka, pa kako je prošla? Uze je svet u usta pa: au, a-u, a-u... te eno i sad sedi i broji dane.

DANICA: Broji dane zato što nema da izbroji pare, a da ima...

PAVKA: I da ima, bogami, kad svet uzme na zub!

DANICA: A po čemu ima mene svet da uzme na zub?

PAVKA: Po tome, vidiš, što ti se svaki čas čini da je pala saksija... a on mlad čovek!

DANICA: Znam, al' ovo je drugo!

PAVKA: Po čemu drugo? Ni po čemu. Nije da kažeš da je čovek otvoreno kazao, nego tako: bila njegova tetka dva-triput, progovorila

o tome, raspitivala koliko nosiš i... eto, to! Samo razgovor i ništa više. Ocu čak nisam ni govorila. Šta imam da mu govorim prazne reči.
DANICA: Nisu to prazne reči.
PAVKA: Nego šta su?
DANICA: Ja znam da nisu.
PAVKA: Ti znaš? Kazao ti valjda? Ama, ja sam kriva, niko drugi nije kriv nego ja.
DANICA: Šta imaš ti da budeš kriva?
PAVKA: To što sam se stegla kao kukavica pa hoću da uštedim. „Izdaj, Jevreme, dve sobe; nama je mnogo pet soba, šta će nama pet soba!" A eto ti sad, uselio ti se u kuću mlad čovek, a imaš devojku u kući, pa sad trljaj glavu!
DANICA: Svejedno, da nije on, uselio bi se drugi.
PAVKA: Uselio bi se, jest, al' je mogla da se useli kakva familija. Ovako... jesi li čula, neka popadaju sve saksije, neću više da mi izlaziš tamo! A ne znam ni šta će mi one saksije u hodniku, uneće ih Mladen još danas u kujnu.
DANICA: Uh, saksije u kujnu!... Neko kuca. Izvol'te!

II

SIMA SOKIĆ, PREĐAŠNJI

SIMA *(ulazi na srednja vrata)*: Dobar dan želim!
PAVKA: Dobar dan.
SIMA: Je li gospodin kod kuće?
DANICA: Nije.
SIMA: Hteo sam, znaš... a ti si njegova gospođa?
PAVKA: Jeste!
SIMA: Hteo sam, znaš, da ga zamolim nešto. Baš... ako hoćeš, gospođo, molim ti se, progovori mu i ti. Reci mu, kumim ga bogom,

neka me ne goni toliko! I da je zašto, nego nizašto! Reci mu: dolazio Sima Sokić, onaj što ga goniš zbog žene...

PAVKA *(iznenadi se)*: Zbog žene?... *(Prekrsti se):* Ama šta govoriš, čoveče i prijatelju, zar te moj muž goni zbog žene?

SIMA: ...Reci mu, nije čovek kriv! Jedanput-dvaput što je isprebijao ženu, to toliko. A ko će je i isprebijati ako neće muž?

PAVKA: Ja ne znam o čemu ti govoriš?

SIMA: Ama, evo šta je. Odbegla mi, znaš, žena. Veli, tučem je, a nije, bogami! Jest, digao sam ruku, nije da nisam; al' onako dva-triput, kao što i priliči mužu; al' nije da kažeš dušmanski. Pa ona sad kaže: dosadilo joj, i otišla od mene, kao da će negde naći bolje. Nego tako, ženska pamet! Pa otišla pravo u advokata, te tvoj gospodin tuži mene za tešku povredu i sad me goni kao vuka po planini.

PAVKA: A, to je? *(Čisto joj lakne.)*

DANICA: Ti si pogrešio vrata. Ne sedi ovde advokat.

SIMA: Nego?

DANICA: Evo ovde, ova druga vrata. 'Odi, pokazaću ti.

PAVKA: Ama, nemoj ti da mu pokazuješ. *(Simi):* Evo ovde, isti hodnik, samo ona druga vrata.

SIMA: E, oprostite, ja video, znaš, firmu na kući, pa mislim... Ova druga vrata, je l'?

DANICA: Jeste.

SIMA: E, hvala, oprostite! *(Odlazi.)*

III

PAVKA, DANICA

PAVKA: Ja ne znam samo zašto taj čovek ne napiše na svoja vrata: Advokat; Ovde je Advokat; i da izmoluje onaj prst *(pokazuje poznati prst iz oglasa)*: nego tako, svaki čas nam dolaze! I što dođe ništa, nego što me prestravi...

DANICA: Pa ima dole na ulici firmu.

PAVKA: Ima na ulici, ali nema ovde. A kazao mu je Jevrem da metne i ovde, pa eto...

IV
JEVREM, PREĐAŠNJI

JEVREM *(ulazi zabrinut, puni mu džepovi novina. Čim uđe daje znak Pavki da ukloni Danicu, a ona da ostane).*

PAVKA *(razumela ga je, pa se okreće Danici)*: Ajde, oću kafu!

JEVREM *(posle izvesne pauze, pošto je razmišljao malo)*: Ovaj... Pavka... imam nešto važno da ti kažem...

PAVKA: A ja opet tebi...

JEVREM: Ama ostavi ti, ovo što ja imam da ti kažem mnogo je važnije. Dakle, idem od jutros ja čaršijom...

PAVKA: Baš kad pomenu, a što, boga ti?...

JEVREM: Ta ne prekidaj me!... Eto, sad moram opet iz početka. Dakle, idem ja jutros čaršijom, a gospodin načelnik, pa tek meni spusti ruku na rame, pa veli...

PAVKA: A, znam šta je, izbori...

JEVREM: Evo ti sad, kakvi izbori?

PAVKA: Sećam se, znaš, da ti je gospodin načelnik spustio ruku i prošle godine, kad su bili opštinski izbori.

JEVREM: Ama nije to, nego čovek me upita: kako, kako, gazda-Jevreme?

PAVKA: Pa to je to što ti ja kažem. Čim se približe izbori, on tebe pita: kako, gazda-Jevreme? *(Spazi mu novine)*: Uostalom, što te i pitam, kad eto ti puni džepovi novina.

JEVREM: To onako.

PAVKA: Nije onako, Jevreme. Znam ja tebe. Kad je onako, ti ideš u kafanu, popiješ kafu i pročitaš novine. A i ne čitaš ih, nego samo oglase. A kad dođu izbori, ti nabiješ novinama džepove pa se zariješ u njih, a dućan o klin.

JEVREM: Eh, eh... Ti opet preteruješ!

PAVKA: Ama kako preterujem! Pa, eto, otkud ti sad, u ovo doba kući? Gde je sebe podne!

JEVREM: Došao, znaš, da pročitam novine. Stigla pošta, a u dućanu larma pa ne mogu da čitam.

PAVKA: Eto. Je l' kažem ja! Ostavio dućan da čita novine! Baš pravo da ti kažem, Jevreme, kad dođu tako ti izbori, a meni čisto smrkne!

JEVREM: Eto ti sad! A šta ima tebi da smrkne?

PAVKA: Tako. Ne mili mi se. Da si ti kao drugi ljudi, da odeš na dan izbora pa da glasaš, ajd', ajd'! Nego se sav predaš i promeniš, postaneš drugi čovek. Digneš ruke i od dućana i od kuće.

JEVREM: E, nije nego... Bolje idi ti pa mi skuvaj kafu. Znaš kako je, slađe se čitaju novine uz kafu.

PAVKA *(polazeći)*: Dobro, Jevreme. Al' kažem ti, ne volim kad naiđu ti izbori, pa to ti je! *(Odlazi.)*

V

JEVREM, DANICA

JEVREM *(vadi novine iz džepa i stavlja ih na sto; seda, savija cigaretu, pripaljuje, razvija novine i razgleda ih)*: „Reč-dve uoči izbora." *(Čita dalje u sebi.)*

DANICA *(donosi kafu i stavlja na sto).*

JEVREM: Deder, boga ti, kad si tu; pročitaj ovo, evo! Nešto mi mnogo zamršeno. *(Daje joj novine, označujući mesto koje želi da mu se čita, a on ustaje i sluša šetajući.)*
DANICA *(sedne na njegovu stolicu i čita)*: „Evolucija jednoga društva zavisi često i u mnogome od napora i podviga pojedinaca, kada isti podvizi harmonišu sa socijalnim potrebama i savremenim težnjama toga društva."
JEVREM: Ne mogu da razumem šta je kazao, al' vidi se, lepo je kazao.
DANICA *(čita dalje)*: „Težnje su pak modernoga društva stalno suzbijanje konzervativnih institucija, zasnovanih na predrasudama i nemoralnim principima, koji pojam ličnosti stavljaju nad pojmom opštosti, solidarnosti i jednakosti..."
JEVREM *(više sebi)*: Pametni, brate, ti novinari. Pišu, čitaju i razumeju sami sebe. *(Glasno)*: Kakav beše naslov tome članku?
DANICA *(čita)*: „Reč-dve uoči izbora."
JEVREM: Pa to, dabome! Šta ima vazdan tu da piše kad se iz naslova vidi da su skoro izbori, a to je najglavnije. Uostalom, čak i kad bi drukčiji naslov bio, znamo mi i sami da su skoro izbori, ne mora to kroz novine da nam se kaže. A, deder, ovaj, prevrni unutra.
DANICA *(otvori novine)*.
JEVREM: Ima li što?
DANICA *(čita)*: „Rusija".
JEVREM: Preskoči!
DANICA *(čita)*: „Engleska".
JEVREM: Preskoči i Englesku. Vidi-der ti tamo, u dnevnim vestima: da nije ko od bivših ministara išao u dvor, jer, znaš, čim bivši ministri počnu da idu u dvor, onda znaj da će biti krize!
DANICA *(razgleda dnevne vesti i čita naslove u sebi)*.

VI

IVKOVIĆ, PREĐAŠNJI

IVKOVIĆ *(pošto je kucao)*: Izvinite!
DANICA *(hitno ustaje)*.
JEVREM: A ti si, gospodine Ivkoviću? Izvoli!
IVKOVIĆ *(Danici)*: Hteo sam da se izvinim! Vas opet uznemiravaju moji klijenti?
DANICA: Da. Malopre je bio jedan koji se, siromah, žali da ga gonite kao vuka!
IVKOVIĆ: He, šta ćete! Takav je naš posao. Ali neće vas više uznemiravati. *(Vadi iz džepa jednu tablicu na kojoj piše „Advokat")*: Čim ste me opomenuli, gazda-Jevreme, ja sam naručio, ali, eto, tek sad stiglo!
JEVREM: E, baš dobro! Prikucaj ti to lepo na tvoja vrata, da te lakše nađu tvoje mušterije!
IVKOVIĆ: Hvala bogu te je stiglo. Neću biti ovde dva-tri dana, pa bi vas još više uznemiravali.
DANICA: Nećete biti ovde?
IVKOVIĆ: Da, moram malo do Beograda, zbog izbora. Na dan-dva samo.
JEVREM *(trgne se)*: Zbog izbora, je l'?... Aha, aha! Dakle, misliš zbog izbora u Beograd. Hm, hm! *(Maše za leđima rukom Danici da se ukloni iz sobe.)*
IVKOVIĆ: Moraću!
JEVREM: Pa jeste! *(Maše energičnije Danici, koja ga prvi put nije dovoljno razumela.)*
DANICA *(pošto ga je razumela)*: Izvinite, ja moram majci; zvala me još malopre, a ja se zadržala. Klanjam se! *(Odlazi.)*
IVKOVIĆ: Do viđenja, gospođice!

VII

JEVREM, IVKOVIĆ

JEVREM *(pošto su ostali sami)*: A ovaj... šta sam ono hteo da te pitam, gospodine Ivkoviću? A, tako, a... ideš malo u Beograd, a?
IVKOVIĆ: Pa da se vidim s prijateljima, da razgovaramo.
JEVREM: Da razgovoriš... o izborima, je l'?
IVKOVIĆ: O izborima, o kandidatu.
JEVREM: Kako o kandidatu? Zar nije Petrović vaš kandidat?
IVKOVIĆ: On je bio prošloga puta. Ali sad... videćemo... možda nećemo njega.
JEVREM: Hoćete novoga?
IVKOVIĆ: A vi?
JEVREM: Pa, znate...
IVKOVIĆ: Opet Ilića?
JEVREM: Kažu: on je najbolji!
IVKOVIĆ: Ama ja čujem da Ilić neće ovom prilikom biti biran.
JEVREM: Kako to?
IVKOVIĆ: Ta već znate da je načelnik u zavadi sa Ilićem, pa... ko zna kako je on to gore, u Beogradu, predstavio; tek čuo sam da je načelnik jednom svom prijatelju rekao: ja izbrisah Ilića!
JEVREM: Gle, molim te, baš tako rekao?
IVKOVIĆ: Kažu da je čak načelnik dobio poverljivo pismo iz Beograda da nađe kakvog mekšeg kandidata.
JEVREM *(radoznao i prijatno iznenađen)*: Mekšeg?
IVKOVIĆ: Pa da. Onako... savitljivijeg, pogodnijeg.
JEVREM *(razmišlja, ali mu se ogleda zadovoljstvo na licu; on govori više sebi)*: Hm! Gle, molim te! A ko bi to mogao biti? *(Glasno)*: Šta ti misliš, gospodine Ivkoviću, ko bi od naših bio onako mekan?
IVKOVIĆ *(smešeći se)*: Ne znam, al' to će već znati gospodin načelnik!

JEVREM: Pa jeste što kažeš, on će znati! A ti baš misliš: neće Ilić biti biran?

IVKOVIĆ: Ono, znate kako je, i Ilić ima svoje ljude, pa ako udari u stranu, može svašta biti!

JEVREM: A to bi vi kao voleli, da on udari u stranu?

IVKOVIĆ: Pa, pravo da vam kažem, voleli bi!

JEVREM: E, to ti ne valja, gospodine Ivkoviću. Ne valja ti što si otišao u opoziciju, a sad se još raduješ i za Ilića. Kamo sreće, kako sedimo u istoj kući, pod istim krovom, da smo još i u istoj partiji, pa da prijateljski razgovaramo, a ovako...

IVKOVIĆ: Pa mi možemo prijateljski razgovarati, a ne biti u istoj partiji.

JEVREM: Možemo, ne kažem da ne možemo. Mogu ja tebi, na primer, da kažem: gospodine Ivkoviću, skupe šljive ove godine. A ti meni da odgovoriš: jest, skupe su! Pa tako možemo da razgovaramo i o orasima, i o jarećim kožama. Ali kad treba da progovorimo o politici, kako možemo prijateljski da razgovaramo, kad sam ja vlada a ti opozicija.

IVKOVIĆ: Pa mi ne moramo razgovarati o politici.

JEVREM: Pa ne moramo svaki put, al' kad su izbori kako možeš da ne razgovaraš o politici? O čemu ćeš drugo da razgovaraš kad su izbori?

IVKOVIĆ: Pa, ako progovorimo i o izborima, gazda-Jevreme, budite uvereni da ću ja uvek umeti da sačuvam prema vama sve poštovanje.

JEVREM: To jest, to ti priznajem. Iako si ti iz druge partije, ja te, vidiš, samo politički mrzim, a onako, u duši, ja te volim.

IVKOVIĆ: Hvala vam, gazda-Jevreme! I ja se, pravo da vam kažem, u vašoj kući osećam nekako kao kod svoje kuće, kao da ste mi roditelji i vi i gospođa Pavka...

JEVREM: E, pa onda, kad se tako osećaš, baš da te nešto zapitam. Reci ti meni *(zaviruje u novine):* šta će to reći „individua"?
IVKOVIĆ: Znači osoba. Ja sam, na primer, individua, vi ste individua!
JEVREM: A je li moja Pavka individua?
IVKOVIĆ: Da!
JEVREM: E, hvala ti. To sam znaš hteo da te pitam. A veliš načelnik dobio poverljivo pismo da nađe mekšeg čoveka?
IVKOVIĆ: Tako se čuje.
JEVREM: Može! Može!
IVKOVIĆ: Dozvolite, odoh ja da zakucam ovu tablu.
JEVREM: E, ako! Zbogom, gospodine Ivkoviću!
IVKOVIĆ: Zbogom, gazda-Jevreme! *(Odlazi.)*

VIII

JEVREM, ŠEGRT

JEVREM *(vraća se i stane nasred sobe zamišljen. Na licu mu se ocrtava briga koja ga sve više obuzima. Uzima šešir i hteo bi da pođe, ali se kod vrata ustavi, vraća se i seda na stolicu brižan).*
ŠEGRT *(nosi dućansku kesu od hartije i na njoj nešto napisano)*: Gazda! Poslao kalfa Joca.
JEVREM *(čita, primičući i odmičući kesu od očiju)*: 'Odi ovamo, ti imaš bolje oči. Je li ovo „F"?
ŠEGRT *(gleda duže)*: Može, gazda, a može da bude i „R", a može i „K".
JEVREM: Kaži kalfa-Joci, kad drugi put hoće nešto da napiše, neka uzme kesu od dve kile pa neka krupnije piše. *(Natežući čita):* „Gospodin Sekulić, pisar, moli dve banke zajma, vratiće sutra." *(Sam sebi):* Svi oni sutra vraćaju, nego... *(Razmišlja):* Može mi on sad i

zatrebati. *(Piše na drugoj strani kese):* „Daj mu!" *(Daje kesu šegrtu):* Na, nosi ovo kalfa-Joci.

ŠEGRT: A uvraćao u dućan i gazda Jovica. Pitao za tebe, gazda.

JEVREM: Dobro!

ŠEGRT *(sretajući se na vratima sa Jovicom)*: A, evo ga! *(Ode.)*

IX

JEVREM, JOVICA

JOVICA *(s vrata)*: A ja svratio u dućan, pa kažu momci otišao kući.

JEVREM: Otkud ti?

JOVICA: Otkud? Otud, naišao, naneo me vetar!

JEVREM: Sedi! *(Odlazi desnim vratima):* Danice, deder još jednu kafu.

JOVICA *(sedajući)*: Imam, znaš, neke napoleone, pa rekoh, da ih ne dajem iz ruke dok tebe ne pitam za kurs.

JEVREM: More, drugom ti taj kurs, nemoj meni! Bajagi nisi mogao u čaršiji da se pripitaš, nego potegao ovamo da me nađeš, kao da ja svaki dan samo napoleone prevrćem preko ruke. Nego, ako si došao za neki posao, a ti govori!

JOVICA: Pa... pa i za posao. Ti imaš, znaš, neke jareće kože. Jedanput si mi se žalio ne znaš šta ćeš sa njima, pa, rekoh, ja ću skoro u Beograd...

JEVREM: Ama otkud ti, bre brate, kože padoše na pamet! Otkad kože bile pa bitisale! Nego ti uvek tako: obilaziš devet sokaka dok stigneš u kuću u koju si pošao. Drugo si ti došao, nisi za kože!

JOVICA: Ništa drugo, nego za kože!

JEVREM: E, pa, deder sad, nemoj da mu kažeš! Pa jesi li ti, bre, pio alvaluk kad sam ih prodao?

JOVICA *(kao bajagi doseća se)*: Pa je l' to za kože bilo?
JEVREM: Nije nego za drenjine!
JOVICA: Ja smeo s uma.
DANICA *(donosi kafu, ostavlja i odlazi)*.
JEVREM: More, nisi smeo s uma, nego, znam ja tebe. Ako hoćeš da kupiš konja, a ti prvo počneš razgovor o obručima i buradima.
JOVICA: Pa, znaš kako je, trgovački red, koliko da se otpočne razgovor. A... jesi li silazio od jutros u čaršiju?
JEVREM: Jesam.
JOVICA: Pa biće onda i da si čuo što?
JEVREM: A šta ima da se čuje? Ima l' što novo?
JOVICA: Znaš, idem ja jutros čaršijom, a načelnik, pa tek spusti meni ruku na rame...
JEVREM *(iznenađeno i surevnjivo)*: Ama, na čije rame?
JOVICA: Spusti ruku meni na rame.
JEVREM: Ko spusti?
JOVICA: Gospodin načelnik.
JEVREM: Ama i on, koga god sretne, a on mu spusti ruku na rame! Pa šta ti veli?
JOVICA: Veli, bogami, gazda-Jovice, ne stoje dobro stvari!
JEVREM: Koje stvari?
JOVICA: Pa o politici mi govori čovek.
JEVREM: A što ne stoje dobro?
JOVICA: Veli, oni naši u Beogradu kanda ne bi hteli više da im Ilić bude poslanik.
JEVREM *(kao bajagi iznenađen)*: E, boga ti, kako to?
JOVICA: Eto tako mi kaže čovek, od reči do reči.
JEVREM: Ja to, bome, ne verujem. Što, brate! Ilić je baš čovek na svome mestu.
JOVICA: E, vidiš, onima tamo gore nije na svome mestu!
JEVREM: Pa sad? Šta kaže gospodin načelnik?

JOVICA: Veli, moramo naći drugoga!
JEVREM: Jes', drugoga, kao da ovde rode poslanici na vrbi, pa mi samo da uzberemo.
JOVICA: A kad se čovek zrelo razmisli, zašto kao ne bi mogao i ko drugi?
JEVREM *(podozrivo)*: Mogao bi, ne kažem da ne bi mogao, ama deder kaži ko?
JOVICA *(bajagi razmišlja)*: Mogao bi... Eto, Mita Arsić!
JEVREM: Pa je l' čovek pod stečajem?
JOVICA: A Jova Crvljanin?
JEVREM: Pa je l' ukrao testament i bio u apsu?
JOVICA: A pop Pera?
JEVREM: On jeste. Ako tamo u skupštini treba zinuti, pop ume da zine, pa da ga majci olako ne zatvori usta. Ali, brate, odvešće svastiku u Beograd, pa će da nam puca bruka.
JOVICA: To jeste!
JEVREM: Pa posle, brate, u Beogradu ima mnogo muzika, a on čim čuje muziku mora povesti kolo, pa makar to i o zadušnicama bilo. A to još ovde i biva, ali tamo...
JOVICA: Pa onda, ne znam koga bi?
JEVREM *(podozrivo)*: Ne znam ni ja.
JOVICA: Jer tu treba naći čoveka, ali takvog da mu se ne vuče rep. A gde ti je danas takav? Eto, na primer, mislio sam nešto i na tebe...
JEVREM *(prestravi se)*.
JOVICA: Pa mu, znaš, dođe nezgodno zbog onog špiritusa.
JEVREM: Kog špiritusa?
JOVICA: Onog, znaš, što kažu da si švercovao.
JEVREM *(uvređeno)*: Slušaj ti, ako i kažu za mene da sam švercovao špiritus, ja državu nisam oštetio. Ja sam kaznu pošteno platio, a za mene bar ne kažu da sam liferovao vojsci crknuto meso.

JOVICA: Eto ti sad! Sad pa da počnemo da se vređamo. Nisam ja zato, brate, došao; nego sam došao kao čovek i kao prijatelj da se razgovaramo kao ljudi.
JEVREM: E pa razgovaraj kao čovek, a nemoj da mi pominješ više špiritus, kad o tome nema više ni akata.
JOVICA: Pa nema, dabome, kad ih je pisar za pet banke pojeo.
JEVREM: Ako ih je i pojeo, akta je jeo, a nije crknuto meso. I u drugom svetu može činovnik da pojede akta, ali nigde u svetu nema da vojska jede crknuto meso.
JOVICA *(korsem diže se)*: E, pa da idem ja!
JEVREM: Ama što da ideš?
JOVICA: Pa kad ti jednako navrćeš na uvredu!
JEVREM: Ama nije ja, nego ti jednako navrćeš na špiritus.
JOVICA: Ostavi, boga ti, to pa da razgovaramo kao ljudi.
JEVREM: Pa sedi, de!
JOVICA *(seda, pa posle izvesne pauze)*: Vidiš, Jevreme, a znaš i sam, poslovi više ne idu. Razlabavilo se nešto pa ne ide. Okrpiš s jedne strane, a raspara se s druge... Ne ide, pa to ti je...
JEVREM: Jest, stalo!
JOVICA: Stalo, bome, pa mora čovek, hteo ne hteo, da gleda ako može s koje druge strane da se spomogne te da izađe na kraj.
JEVREM: Ne misliš valjda u službu?
JOVICA: Da mi ne da bog!
JEVREM: E, pa šta drugo može?
JOVICA: Znaš, mislim se nešto i velim, ako si mi ti prijatelj, ti i još dva-tri u čaršiji, te ako htednete da me pomognete... Velim, znaš, ovo je sad dobra prilika... kad bi namesto Ilića ja nešto otišao u Skupštinu.
JEVREM *(prenerazi se)*: Poslanik da budeš?
JOVICA: Pa velim, Jevreme, nisam da kažeš čovek vezan. Umem da se razgovaram, umem da se nađem, imao sam, hvala bogu, posla

i sa vlastima, pa znaš, nisam baš ćutao a on da mi zapisuje šta hoće, nego sam i sam govorio. Pa velim... Mogao bi', zašto da ne bi' mogao! A ti znaš mene, nisam od onih koji se neće odužiti. Spomoći ću se i ja, ali odužiću se i prijateljima, znaš kako je kad si poslanik... Pa... *(Zastane i posmatra Jevrema):* Šta veliš ti na to, Jevreme?

JEVREM *(ustao je i uznemireno šeta čekajući nestrpljivo da Jovica svrši govor):* Pa je l' to zašto si ti došao?

JOVICA: Pa to.

JEVREM: Uha, a počeo od kursa, pa na jareće kože, a svršio sa kandidacijom!

JOVICA: Pa velim...

JEVREM: Jesi li ti o tome govorio sa gospodinom načelnikom?

JOVICA: Nisam!

JEVREM: A jesi li govorio drugom nekom?

JOVICA: Nisam, rekoh prvo da razgovaram s tobom, pa onda...

JEVREM: ...Pa onda nikom više i da ne govoriš! Meni, pa nikom više. Vodu da metneš u usta i da ne otvaraš usta više. Da, da ostaviš meni stvar, i sa načelnikom meni da ostaviš, i sa celim svetom meni da ostaviš, a ti da se ne mešaš.

JOVICA *(ohrabren):* A ti pristaješ?

JEVREM: Kad ti kažem, meni da ostaviš stvar a ti da se ne mešaš više.

JOVICA: E, velika ti hvala na tome, Jevreme! Rekoh ja, sa Jevremom treba prvo da razgovaram! Pa ovaj... i to da ti kažem... Ako ti je počem stalo do toga, a ja pristajem i da podelimo, da me pustiš prvo mene jedno dve godine, koliko znaš da se pomognem, pa posle ti idi, ako hoćeš u Skupštinu. Evo ako hoćeš i ugovor takav da pravimo.

JEVREM *(šeretski):* Jok, more, što će meni to! Posao mi, hvala bogu, dobro ide, pa što da tražim preko hleba pogače.

JOVICA: Pa jeste, pravo kažeš.

KOMEDIJE I

JEVREM: Drugo ti! Posle, što kažeš, ti umeš i da se nađeš, umeš da govoriš...
JOVICA: Jest!
JEVREM: I ako me samo poslušaš...
JOVICA: Šta da te poslušam?
JEVREM: Da odeš odavde pravo u dućan, pa ni luk jeo ni luk mirisao. Nikome ni reči o tome. I ako te pripita ko: šta misliš, ko da bude poslanik, a ti da mu kažeš: šta se to mene tiče, ja gledam svoja posla, a kog narod hoće taj neka ide! Je l' tako?
JOVICA: Tako je!
JEVREM: I tako ćeš da radiš?
JOVICA *(dižući se)*: Pa tako, kad ti kažeš da je tako bolje.
JEVREM: A za dalje je moja briga. Ti samo nakrivi kapu pa čekaj mandat!
JOVICA *(polazeći)*: Pa ja, pravo da ti kažem, u tebe sam se i nadao.
JEVREM *(ispraćajući ga)*: I ne treba ti drugi!
JOVICA: E, pa hvala ti, Jevreme! *(Odlazi.)*
JEVREM *(za njim)*: Pravo u dućan i nikom ni reči!

X

JEVREM, MLADEN

JEVREM *(vraća se nervozno, uzbuđeno i ide pravo levim vratima)*: Mladene! *(Pauza)*: Pavka, pošlji mi, boga ti, toga, Mladena. *(Stane nasred sobe i duboko se zamisli.)*
MLADEN: Zvao si me, gazda?
JEVREM: Idi preko, znaš onoga gospodina Sretu!
MLADEN: A, znam!

JEVREM: Ako nije tu preko, on je u „Nacionalu", idi pa mu kaži: Zamolio te gazda Jevrem da dođeš časom na jednu kafu. Jesi li razumeo?

MLADEN: Jesam! *(Ode.)*

XI

JEVREM, PAVKA

PAVKA *(dolazi zdesna)*: Slušaj, Jevreme, vidim ide preko pijace gospa Marina, izvesno će ovamo.

JEVREM: Pa neka dođe.

PAVKA: Ama htela sam baš da ti kažem: ne znam da li si ti namirisao zašto ona u poslednje vreme dolazi tako često k nama?

JEVREM: Eto ti sad! Šta ja imam tu da namirišem?

PAVKA: Pa nemaš šta, dabome, kad si zavukao nos u politiku.

JEVREM: To da mi ne kažeš drugi put. Gde ja zavlačim nos neka ga zavlačim. Ja znam šta radim!

PAVKA: Eto, ne može s tobom ni da se razgovara o porodičnim stvarima, kad ti odmah... Ne znam ni šta sam počela da govorim?

JEVREM: Pa to: da li sam štogod namirisao?

PAVKA: Jest, to! Ti znaš valjda da je ta gospa Marina nešto rod ovom gospodinu Ivkoviću?

JEVREM: Ako!

PAVKA: A nešto mi se mnogo raspituje o Danici, i hvali gospodina Ivkovića, i uopšte... Prekjuče mi čak i rekla: „Bogami, gospa Pavka, da gledamo mi da se orodimo!" Eto, tako mi je u oči rekla.

JEVREM *(nije ni slušao njeno kazivanje, već je samo rasejano gledao)*: Pa šta se to mene tiče?

PAVKA: Bože, Jevreme, pa govorim ti o tvome detetu!

JEVREM: Otkud je gospa Marina moje dete? *(Izvadio novine i razgleda.)*
PAVKA: Ama ne ona, čoveče, nego... Ču li ti, boga ti, što ti rekoh, šta mi je žena prekjuče govorila?
JEVREM *(rasejano)*: Jest, jest, čuo sam... ali neka govori ko šta hoće, šta se to nas tiče!
PAVKA *(krsti se)*: Ju, kako da nas se ne tiče, pobogu čoveče!

XII
MARINA, JEVREM, PAVKA

MARINA *(dolazi spolja)*: Dobar dan, dobar dan, gazda-Jevreme!
JEVREM: Dobar dan!
PAVKA: A ja vas baš gledam kroz prozor, pa kažem Jevremu: evo gospa-Marine pravo k nama.
MARINA: Baš dobro što vas vidim, gazda-Jevreme, te da vas kao čoveka i građanina zapitam: ima li, boga vam, vlasti u ovoj zemlji?
JEVREM: Pa ima, gospa Marina. Eto, gospodin načelnik...
MARINA: Ili, ako nema vlasti, a ono, ima li bar građanstva?
JEVREM: Kako da nema! Pa ko bi glasao za izbore kad ne bi bilo građanstva?
MARINA: Pa molim vas lepo, kako ta vlast i to građanstvo trpi ova čuda? Eto, molim vas, sad baš prođoh kraj apoteke. *(Pavki)*: Ju, slatka, ono vredi videti, ono se ne da rečima opisati, ono treba očima videti. *(Jevremu)*: Prolazim kraj apoteke i gledam. Znate onu sekretaricu... Ju, zaboga. Pa ono je već javna stvar... Visi ovako, evo ovako, na prozoru, a onaj ćosavi potporučnik pod prozorom. Ona, znate, njemu sve ovako, ovako, ovako. *(Pokazuje gestove rukama)*: A on njoj sve ovako... Kao u pozorištu.

PAVKA: Ju, ju, ju! *(Krsti se):* Pa kažu onda nije istina kad tako novine za poneku pišu.

MARINA: Tome bi, zaboga, trebala vlast da stane na put, a građanstvo bi trebalo da se gnuša.

JEVREM: Šta ćete, u svakoj varoši ima i takvih individua!

MARINA: I bar da je neka persona, ta sekretarica, pa i da mi nije krivo, ali...

PAVKA: Kakvih ti nas nema. Da vam kažem samo što sam juče čula, pa da se krstite i levom i desnom!

JEVREM: A jeste, jeste... To treba da čujete! Eto idite tamo u sobu da vam kaže Pavka šta je juče čula, pa da se krstite i levom i desnom. Idite, idite, to vredi da čujete!

PAVKA *(nudeći Marinu)*: Izvol'te!

MARINA *(polazeći, zastane pred fotografijama koje vise o zidu)*: Boga vam, je li ovo sve vaša familija?

PAVKA: Jeste, Jevremova. Dao ih bog mnogo!

MARINA: I sve živo?

PAVKA: Gotovo.

MARINA: Ovde?

JEVREM: Svi su ovde.

MARINA: Mnogo ih ima. *(Pavki):* Vidite, pa to mu je kao neki miraz za zeta, toliki glasači u familiji... Kako, nije ih malo, molim vas, i to... *(Ulazi u sobu govoreći dalje, Pavka ulazi za njom.)*

XIII

JEVREM, SRETA

JEVREM *(kad je gospa Marina pomenula glasače, trgne se iz rasejanosti, te čim su žene ušle u sobu, prilazi zidu i broji fotografije*

dotičući svaku kažiprstom; kad naiđe Sreta, on prekida): A, baš dobro!
SRETA: Dobar dan, gazda-Jevreme, kako, kako? *(Uzima Jevremovu tabakeru sa stola i pravi cigaretu.)*
JEVREM: Ovaj... hteo sam onako, kako da ti kažem... Pa jest, to, hteo sam s tobom da progovorim malo...
SRETA: Ako, ako... a o čemu to, gazda-Jevreme?
JEVREM: Pa... kako da ta kažem... imalo bi vazda o čemu da se razgovaramo, ali ja sam hteo onako da progovorim o opštim stvarima...
SRETA: Aha, o opštim? Dobro, gazda-Jevreme; možemo, što kažeš, razgovarati i o opštim stvarima; zašto da ne razgovaramo!
JEVREM: Pa to znaš... Velim, mogli bi razgovarati, na primer, o politici... Evo, izbori su, što kažu, na pragu.
SRETA: Jest, bome, na pragu su!
JEVREM: Čujem, onako, sasvim poverljivo, da je načelnik dobio jedno pismo iz Beograda da se Ilić ne bira za poslanika.
SRETA: Gle, molim te! To nisam čuo! A zašto?
JEVREM: Oni su znaš i inače u svađi, načelnik i Ilić, pa sad oni iz Beograda pristali uz načelnika da nađu nekog mekšeg.
SRETA: Gle, molim te! A ko to tebi reče?
JEVREM: To... nemoj da me pitaš, to je poverljivo.
SRETA: Ako vala, dosta je i bilo njegovog!
JEVREM: Sasvim!
SRETA: Molim te, brate, je l' prodade svoju kuću za sresku kancelariju? A što? Zar nije i drugi imao kuću za prodaju? Ne kažem da sam ja imao, ali, eto, da postavimo svaku stvar na svoje mesto pa da se upitamo: šta će tebi, na primer, ovolika kućerina?
JEVREM: Pa vidiš da polovinu dajem pod kiriju. Dabome da mi ne treba!

SRETA: E, pa zar nisi mogao ti da prodaš kuću državi? Mogao si, dabome! Pa onda, je l' mu dadosmo spisak naših građana koji su na robiji? Izradi čovek pomilovanje samo svome šuraku, a nama svima šupalj nos do očiju.

JEVREM: Jes'!

SRETA: Pa onda ponamešta, brate, celu svoju familiju i zauze sva mesta, od prote do opštinskog strvodera. Ako je na opštinskom kantaru — njegov rođak, ako je pisar u opštini — njegov rođak. Pa dosta, brate, ima nas još u ovoj Srbiji koji imamo rođake za službu i rođake na robiji i kuće za prodaju! Je l' tako?

JEVREM: Tako je! Uh, da nije iz naše partije, pa da mu podvikneš tako detaljno na zboru. Ali pusto ne ide!... Nego... ovaj... kaži ti meni, šta misliš, na primer, ko bi onako od naših mogao biti poslanik mesto njega?

SRETA: Pa kako da ti kažem, brate moj! Ako ćemo svaku stvar da postavimo na svoje mesto, on jedini što je onako malo otresit, svi ostali su nekako malo zavezani i glupi...

JEVREM: To jeste što kažeš, ostali su nekako zavezani i glupi...

SRETA: Eto, baš, ako hoćeš da počnemo od tebe...

JEVREM *(grčevito prihvati)*: E, vidiš, Sreto, baš sam i to hteo da te pitam! Vidiš, oni iz Beograda traže mekšeg čoveka; zar ti ne nalaziš da sam ja mekši od Ilića?

SRETA *(sad mu je jasno)*: Ja, ja, ja, ja, ja!... *(Udara jezikom o nepce)*: Sad dakle možemo da postavimo svaku stvar na svoje mesto!

JEVREM: Ja velim... a to što kažeš... ako sam baš i zavezan malo... to onako...

XIV
DANICA, PREĐAŠNJI

DANICA *(iz desne sobe)*: Majka hoće nešto da razgovara sa gospa-Marinom što ja ne treba da čujem, pa mi kazala da ja izađem u ovu sobu. *(Sreti):* Dobar dan!
SRETA: Dobar dan! Dobar dan!
JEVREM: E, i ja, vidiš, hoću, na primer, da razgovaram nešto sa gospodinom Sretom što ti ne treba da čuješ; zato izađi iz ove sobe pa idi u neku treću.
DANICA *(radosno)*: Da izađem u hodnik?
JEVREM: Dabome, da izađeš!
DANICA *(veselo otrči)*.

XV
PREĐAŠNJI, bez DANICE

JEVREM *(šeta zabrinuto i nastavlja red misli koje je Danica svojim dolaskom prekinula)*: A nije da kažem da ne bih umeo ništa reći. Umem, a umem ako treba i da ćutim.
SRETA: Umeš!
JEVREM: Baš i da ne umem što, ima tamo u Beogradu pametnih ljudi pa će mi reći: kad, na primer, treba da ćutim, a kad da govorim.
SRETA *(koji je za sve to vreme mislio)*: E, čekaj sad, ti, brate si mi moj, da mi najpre postavimo svaku stvar na svoje mesto... Kaži ti meni najpre, kako ti stojiš sa načelnikom?
JEVREM *(trlja dva kažiprsta jedan o drugi)*: Ovako!... Jutros baš idem ja tako čaršijom, a gospodin načelnik spusti tek ruku meni na rame, kao na primer bratu svome, pa će reći...

SRETA: Čekaj... čekaj... Drugo, brate si mi moj: kaži ti meni, što će tebi da budeš narodni poslanik, kad ti ovde više zarađuješ od sitnih interesa no što će ti dijurina doneti?

JEVREM *(zbunjen)*: Pa... znaš kako je... nije to za zaradu, nego... onako... narodno poverenje.... počast, i onako kao...

SRETA: Dobro, sad smo načisto, i sad možemo da postavimo svaku stvar na svoje mesto. Ti znaš, Jevreme, da sam ja vešt za te stvari.

JEVREM *(hteo bi nešto da kaže)*.

SRETA: Znam šta ćeš da kažeš: da sam bio vešt, ja ne bih odležao godinu dana za deficit.

JEVREM: Nisam to hteo da kažem.

SRETA: Molim te, to si hteo da kažeš, vidim da si to hteo da kažeš. Ali, brate si mi moj, to je druga stvar, to je sudbina. To može svakog da postigne. Ne zna se šta nosi dan, a šta nosi noć. Eto, na primer, danas si zdrav i čitav, a sutra osvaneš pred sudom zbog deficita. Dobro, recimo, trgovac si, pa ne možeš imati deficit, ali da si poreznik, kao ja što sam bio, pitao bih te onda...

JEVREM: Pa to jeste!

SRETA: I ti misliš da mene vređa što me zovu Sreta numera 2436. To je numera sudske presude kojom sam bio osuđen na godinu dana. A treba da znaš, gospodine moj, da je ta numera baš učinila da meni skoči numera u ovoj varoši. Deder, reci evo, ti meni: koji je to posao koji bi se mogao svršiti bez mene? Ajde, reci mi? Ako treba da se rasturi kakav lažan glas po varoši, daj ovamo Sretu; ako treba da se pokvari kakav politički zbor, daj ovamo Sretu; ako treba da se falsifikuju izborni spiskovi, daj ovamo Sretu; ako treba na izbore, daj opet Sretu. I da ne računamo sitne poslove: rasturanje licitacija, svedočenje, čestitke vladi, dopis, telegram protiv nasilja, i vazdan takvih stvari.

JEVREM: Pa to jeste... Zato ja, vidiš, i hoću s tobom.

SRETA: Znam ja da ti hoćeš sa mnom, ali je sad pitanje: da li ja hoću s tobom?

JEVREM: Pa ja velim...

SRETA: Ama nemaš tu ništa ti da veliš ili da ne veliš, to je stvar računa. Ti, recimo, imaš u rukama kralja, a ja, brate si mi moj, keca. E, dobro: onda, brate moj, da ti meni odgovoriš na farbu, ako hoćeš da ja tebe postavim na svoje mesto.

JEVREM: Da odgovorim, zašto da ne odgovorim, samo... Ne razumem te kako?

SRETA: I to ću ti reći. Ti, vidiš, ne možeš sam za sebe da učiniš ništa, ja ti trebam, je li, to priznaješ? E, lepo, onda evo: ja bacam keca! Je l' me razumeš sad?

JEVREM: Ne razumem.

SRETA: Ne razumeš? Dobro, sad ćeš me razumeti. Vidiš, ja imam na ženino ime onu veliku njivu van varoši... dva hektara... To bi trebala država da mi otkupi, nek podigne tamo bolnicu, kasarnu, rasadnik, kazneni zavod; šta hoće nek podigne, samo država treba to da otkupi, je li?

JEVREM: Jes'!

SRETA: Pa onda, brate si mi moj, ja imam petnaest godina praktikantske službe, pre no što sam postao poreznikom, a nisam ja tih petnaest godina radio za sebe, nego za državu. E pa brate, pravo je da država prizna te godine službe!

JEVREM: A numera 2436?

SRETA: Ne brini ti za to, samo kad si ti poslanik. Obnova parnice... novi dokazi... nevinost... penzija, razumeš li?

JEVREM: Razumem.

SRETA: Pa onda, brate si mi moj, ja bih rad i da se uposlim.

JEVREM: Opet u službu?

SRETA: Kakva služba, boga ti, dokle ćemo svi da visimo na državnim jaslama! Ima i drugih poslova sem državne službe, samo kad se svaka stvar postavi na svoje mesto.

JEVREM: Pa jes', pravo kažeš!

SRETA: Ima ti tu, brate, hiljadu sitnih poslova i krupnih prihoda, samo kad je čovek vredan i onako okretan. Eto, na primer, ti si poslanik, i ti ne možeš kao poslanik da primiš licitaciju za zidanje kasarne na mojoj njivi. Ali, na primer, možeš da je primiš na moje ime, je li? Pa onda, brate moj rođeni, ne možeš ti u ovoj zemlji poseći nijedno drvo na svoje ime, al' na moje možeš oboriti čitave planine. Pa onda pomilovanja! Koliko sveta leži na robiji bambadava, pa i to ti je lep posao, samo kad je čovek vredan i okretan. Da li me sad razumeš?

JEVREM: Razumem!

SRETA: E, to ti je vidiš ono: bacio sam keca, a sad ti odgovaraj na farbu.

JEVREM *(zabrinuto)*: Samo... ovaj...

XVI

PAVKA, PREĐAŠNJI

PAVKA *(izlazi iz sobe)*: Jevreme... da te pripitam.

JEVREM: Nemoj molim te da me pitaš, jer nisam ni za kakvo pitanje!

PAVKA: Žena izišla s farbom na sredu.

JEVREM: Ama koj' izišao s farbom na sredu?

PAVKA: Pa, gospa Marina.

JEVREM: O, gospode, otkud joj sada palo na pamet da iziđe s farbom na sredu? Zar ne vidiš da sam u najvećoj brizi?

PAVKA: Treba da joj odgovorim!

JEVREM: Molim te, Pavka, idi tamo u sobu, pa iziđi i ti s farbom na sredu!
SRETA: Sasvim, svaku stvar treba postaviti na svoje mesto.
PAVKA: Ama, čoveče božji, pa šta da kažem ženi?
JEVREM *(rasejano)*: Zar ja znam... eto... na primer... na primer... ako je ona bacila kralja, onda ti baci keca... *(Zbuni se):* Nije to... već svaku stvar postavi na svoje mesto, pa eto ti!
PAVKA *(krsti se)*: Čoveče božji, govoriš kao da nije reč o tvome detetu.
JEVREM: Ama jeste, ali ne volim kad te detinjaste stvari padnu tako... kad čovek ima drugih briga.
PAVKA: Bar da znam šta da kažem ženi?
JEVREM: Otkud ja znam šta da joj kažeš? Naposletku, reci joj neka se strpi dok ne prođu izbori...
PAVKA *(zgrane se)*: Šta je tebi, pobogu, čoveče! Ja vidim već da si ti digô ruke, nego ću ja da kidam — pa kako bog da!
JEVREM: Pa dobro, kidaj, a ja... ja ću već promisliti o tome.
PAVKA: Promišljaj ti, ako, ako; a ja već znam šta ću! *(Ode.)*

XVII

JEVREM, SRETA

JEVREM *(posle manje pauze)*: Sad mi došla... kao da je sad vreme tome.
SRETA: Pa žena, vidiš, neće bez tvoga pitanja.
JEVREM: Jest, nego... *(Zamisli se rasejano):* A Ilić?
SRETA: Šta — Ilić?
JEVREM: Ako on, na primer, neće da primi načelnikov savet da se odrekne, nego udari u stranu... On ima mnogo glasača, uživa narodno poverenje!

SRETA: Hi, narodno poverenje? I to ti je, brate, artikal kao i svaki drugi artikal. Metneš ga na kantar, vidiš koliko je teško, odrešiš kesu pa platiš. Ono, ne kažem da će to ići sasvim kao namazano; Ilić će se uzjoguniti, ali spremi kesu, pa eto ti!

JEVREM: Kako to misliš?

SRETA: Pa eto tako: ti gazda-Jevreme, imaš para, Ilić ima narodno poverenje. Dobro! Da postavimo svaku stvar na svoje mesto. Ilić petlja i ne može da sastavi kraj s krajem, a tebi se, gazda-Jevreme, pomalo i preliva; njemu plaćanje najahuje na plaćanje, tebi primanje najahuje na primanje.

JEVREM *(buni se)*: Nije baš tako...

SRETA: Ama de, ostavi, tako je kad ti ja kažem! E, pa lepo, kad je tako, otići ću njemu pa ću mu reći: deder, daj kantar da izmerimo to tvoje narodno poverenje, pa da ga se ti, brate, pred tvojim biračima odrečeš u korist gazda-Jevrema Prokića. Eto, tako se to radi!

JEVREM: Gle, molim te!

SRETA: E, vidiš, ako tako sve izvedemo, i ako smo se sporazumeli kao ljudi, onda se može reći da je svaka stvar postavljena na svoje mesto.

JEVREM: I ti misliš?...

SRETA: Ja mislim, brate i prijatelju, da ćeš ti i niko drugi biti narodni poslanik!

JEVREM: I to baš... ovaj... onako, da budem izabran?

SRETA: Pa izabran, dabome!

JEVREM: ...Većinom glasova?

SRETA: Pa većinom glasova, nije nego manjinom! Samo, dabome, sa načelnikom ti da udesiš, to ne mogu ja. Najbolje je da uhvatiš pisara Sekulića: on je onako vatra čovek za te stvari, i ovako obrće načelnika oko maloga prsta.

JEVREM: Jest, to je istina, on je, kažu, vatra.

SRETA: I kada ga nađeš, reci mu, boga ti, od svoje strane, neka me se okane. Petlja me tamo za nekakvu bajagi dvaput naplatu. Molim te, sad kad se bacimo na ovaj ozbiljan posao, nemamo kad za nikakve istrage. Neka baci akta u fioku! A ti, ovaj, gledaj lepo s njim. *(Polazeći):* I nemoj da stegneš ruku. Ajde, odoh ja malo da omirišem čaršiju i da pustim tvoje ime u saobraćaj, neka se čuje... Da postavimo, znaš, svaku stvar na svoje mesto.

JEVREM: E, pa hajde, neka je sa srećom!

SRETA: Videćeš ti šta vredi Sreta, numera 2436! *(Odlazi.)*

XVIII

JEVREM, DANICA

JEVREM *(pošto ga je ispratio, vraća se zamišljeno).*

DANICA *(ulazi spolja)*: Ode gospodin Sreta?

JEVREM *(trgne se iz misli)*: Gde si bila dosad?

DANICA: Pa tamo, u hodniku.

JEVREM: Je l' se nije čulo tamo šta smo razgovarali ja i gospodin Sreta?

DANICA: Nije. Razgovarala sam sve vreme sa gospodinom Ivkovićem, pa ne bih ni mogla da čujem i da sam htela.

JEVREM: S njim razgovarala? A šta on onako kaže?... O čemu ste razgovarali?

DANICA: O vrlo važnim stvarima.

JEVREM: O važnim stvarima? Zar on s tobom razgovara o važnim stvarima?

DANICA: Pa onako... kaže ide u Beograd... Hoće da se kandiduje za narodnog poslanika... kaže...

JEVREM *(pretrne)*: Šta kaže?

DANICA: Pa to, hoće da ide u Beograd...

JEVREM: Ama nije to nego ono drugo?
DANICA: Koje drugo?
JEVREM: Ono drugo što ti je kazao?
DANICA: Pa to... kaže, hoće da se kandiduje za narodnog poslanika.
JEVREM: Koj' da se kandiduje za narodnog poslanika?
DANICA: Pa on, gospodin Ivković. Kaže teraju ga prijatelji, on nije hteo, ali ga teraju prijatelji i oni iz Beograda...
JEVREM: A načelnik?
DANICA: Pa on kaže, njega će da kandiduje opozicija.
JEVREM: Aha! Opozicija! Dakle tako, opozicija? A čemu opozicija, zašto opozicija, kome opozicija? A? E, to ćemo da vidimo! Idi, idi mu kaži: e, to ćemo da vidimo! Upravo, idi mu kaži da on... Čekaj! Idi mu kaži da je... Čekaj!.. Idi do đavola, i nemoj nikom ništa da kažeš.

DANICA *(gleda ga začuđeno i iznenađeno, i odlazi desno.)*

JEVREM *(uzbuđeno hoda i govori nešto sam sebi, mlatarajući rukama.)*

XIX

SPIRA, SPIRINICA, PREĐAŠNJI

SPIRINICA *(za njom Spira)*: E, e, e, e, pa, zete, svetlo ti oko!
SPIRA: Ama ostavi, boga ti, kakvo svetlo oko! Kako možeš tako s neba pa u rebra?
SPIRINICA *(izbekelji se na Spiru i krsti se)*: O, gospode Savaote! Da čudna čoveka, ne daš mi ni da zinem!
SPIRA: Pa zini, brate, ali kad zineš a ti bar kaži nešto pametno.
SPIRINICA: A tebi već pamet curi kroz kapu! Mani se... *(Pljuje ga):* P... pp... p... p... da mi te ne ureknu!

SPIRA: E, Mico, ti opet tražiš! Moli se bogu što je tuđa kuća i što nije red...
SPIRINICA: A ti pa našao tuđu kuću da se rebriš. Suklato!
JEVREM *(stao između njih i pokušava da ih umiri)*: Ama, de! Niste valjda došli da se ovde svađate?!
SPIRINICA: Pa nismo, dabome, nego kad on za prvu reč.
JEVREM: Čekaj, molim te! O, ljudi božji, pa meni puna glava briga, i sad još mi vi došli da se svađate!
SPIRINICA *(uvređeno)*: Pa mi možemo ići. Možemo se mi i na drugom mestu svađati, ne moramo baš ovde!
JEVREM: Ama ne kažem to.
SPIRA: Čekaj, molim te, da se prvo objasnimo o glavnoj stvari. Došao maločas tvoj sluga, veli: poslala ga Pavka i zove nas da dođemo. Veli: važna stvar, tiče se deteta!
JEVREM: A, jest, gospa Marina izašla s farbom na sredu.
SPIRINICA: Ju, s kakvom farbom?
JEVREM: Pa, znaš, ona je rod gospodinu Ivkoviću!
SPIRINICA: Pa da nije za Danicu?
JEVREM: Jes'!
SPIRINICA: A kad je izišla s farbom na sredu?
JEVREM: Sad!
SPIRINICA: Pa sad?
SPIRA: Pa tu, brate, niti imaš šta da razmišljaš, niti da se savetuješ sa nama. Mladić je čestit...
SPIRINICA: Prilika je vrlo dobra, i, ako je da mene pitate...
SPIRA: Pa čekaj, zaboga. Zar ne vidiš da sam ja zinuo da kažem...
SPIRINICA: Ali ti, kad zineš, ne umeš da zatvoriš usta.
SPIRA: Nisam ni par reči rekao!
SPIRINICA: Ne daš čoveku do reči da dođe!
JEVREM: Ama umirite se, zaboga!

SPIRA: Pa to kažem, prilika nije rđava, mlad čovek, advokat, dobro radi.
JEVREM: Znam, ali — opozicija.
SPIRA: A šta se to tebe tiče?
SPIRINICA: I pop Anta ima zeta opoziciju, pa još kako lepo žive.
JEVREM: Jes', ali... ovaj... kako da kažem... on može da se kandiduje i za poslanika.
SPIRINICA: Zar on?
JEVREM: Jes'!
SPIRA: Pa još bolje!
JEVREM: A... ovaj... šta sam ono hteo da kažem... pa to, znaš... i ja, to jest gospodin načelnik... upravo nije ni on, nego oni iz Beograda... ili bolje reći narod... ovdašnji narod... hoće da i ja budem poslanik...
SPIRA I SPIRINICA *(zgranu se)*: Ti?
JEVREM *(stavlja prst na usta)*: Pst! To je zasad tajna, još nije svršeno.
SPIRA: Pa pravo da ti kažem i treba. Iz naše familije još niko nije bio poslanik, a tolika familija.
SPIRINICA: Pa dabome, kad si se ti zatutuljio pa ne umeš da makneš! A što ne bi ti bio poslanik: kad može Jevrem, valjda možeš i ti?...
SPIRA: Ama ne ide to tako, ženo!
SPIRINICA: Ne ide kod tebe, tebi ništa ne ide, kad si ti...
SPIRA: Jevrem, vidiš, ima poverenje...
SPIRINICA: A što ti da nemaš poverenje?
JEVREM: Ama, čekaj, brate, nemojte se svađati; još to nije svršeno, još je zec u šumi!
SPIRA: Pa recimo i da je svršeno, ne vidim šta ti to smeta za Danicu.

JEVREM: Kako da mi ne smeta? Ja kandidat vladin, a on kandidat opozicijin; on mene gleda da obori, a ja njega. Pa onda, molim te, ja moram grditi opozicionog kandidata — jer kako ću drukče da obaveštavam narod ako ne grdim protivnika?
SPIRA: To jeste!
JEVREM: A i on će mene da grdi.
SPIRA: Hoće. Ali opet, ja mislim da to nije ništa, to je više onako, politički. Politički možeš u Srbiji koga hoćeš da izgrdiš pa opet...
JEVREM: Dobro, ništa nije, ako ja budem izabran, ali ako on bude izabran, a ja ostanem bambadava izgrđen.
SPIRA: Opet ništa!
JEVREM: Pa onda, ja moram po dužnosti, u interesu partije, njega da mrzim. Ne mogu ja tek voleti opozicionog kandidata.
SPIRA: Nije ni to baš onako strogo kao što je bilo nekad. Pre, kad si ga mrzeo, a ti si ga mrzeo kao psa — ili ti — ili on, do istrage. A sad se nekako smekšalo. Zar ne vidiš da sada u svakome poslu ortakuju partije? Ako je trgovina, čitaš: „Simić i Petrović"; raspitaš se, a ono Simić vladina stranka, a Petrović opozicija, pa de, nek izmakne liferacija ako može! Pa onda: tast Pavlović, a zet Janković, tast vladina stranka, a zet opozicija. Pa ide kao namazano; a tast poslanik — a zet načelnik okružni; a zet poslanik — a tast predsednik opštine. Izveštili se ljudi, pa to ti je!
JEVREM: Ama to jeste, nego nezgodno mu dolazi, baš sad uoči izbora.
SPIRINICA: Pa zar gospa Marina navalila baš sad da se to svrši?
JEVREM: Pa sad, ovoga časa. Eno ih tamo u sobi kuvaju...
SPIRINICA: Iju, a vi mene ovde držite čitav sat. Što ne govoriš, zaboga? *(Odjuri.)*

XX

JEVREM, SPIRA

JEVREM: Što ne ide, ne ide! Ako hoće posle izbora, dobro, možemo da razgovaramo. Pa onda... ko zna da to nije i neka zamka?

SPIRA: Kakva zamka?

JEVREM: Pa znaš kako se prave zamke i podvale uoči izbora. To može lako biti. Neću da čujem. Sad neću da čujem, a posle izbora možemo razgovarati. Idi, Spiro, tamo u sobu pa im tako reci: posle izbora možemo razgovarati!

XXI

MLADEN, PREĐAŠNJI

MLADEN *(donosi jednu hartijicu)*: Dade mi ovo ceduljče gospodin Sreta.

JEVREM: Sreta? Je l' baš on ti dade?

MLADEN: Jes'. *(Odlazi.)*

JEVREM *(radoznalo razvija i teško čita)*: „Sad sam razgovarao sa Sekulićem. Načelnik mu kazao da će te zvati da razgovara s tobom. Stvar možemo smatrati za pola svršenu. Pijemo na tvoj račun!" *(Zbunjen radošću, ushićen)*: Spiro... Spiro...

SPIRA: Čujem...

JEVREM: Pola svršeno!

SPIRA: More sve je svršeno. Kad tebe načelnik zove na savetovanje, a vidiš i Sekulić je tu... pa onda...

JEVREM: I već piju na moj račun!

SPIRA: Pa dabome!... Neka je sa srećom, Jevreme!

JEVREM: Daj bože, Spiro, brate! *(Potresen, grli ga.)*

XXII

PAVKA, SPIRINICA, PREĐAŠNJI

PAVKA *(dolazi iz sobe, za njom Marina i Spirinica; Marina odmah žurno odlazi na zadnja vrata; ona je otišla da izvesti Ivkovića o srećno svršenim pregovorima)*: Jevreme, kaži dragička!
JEVREM: Pst! Čekaj! Kaži ti prvo dragička!
PAVKA: Ama kaži ti, kad ti kažem!
JEVREM: Pa dobro, dragička!
PAVKA: Ja, u ime božje, dadoh reč za Danicu.
JEVREM: A ja dadoh za poslanika.
SPIRINICA *(Jevremu)*: Ju, pa ti se i ne zaradova!
SPIRA: Ti da se ne mešaš, jesi li čula?
SPIRINICA: Ama pusti me, čoveče, makar jednu reč da progovorim. Kažem otac, a ne raduje se detinjoj sreći.
JEVREM: Ama ko se ne raduje, radujem se, nego... ču li, Pavka, šta ti ja rekoh: ja, u ime božje, odoh u poslanike.
PAVKA: Bože, pa dve radosti odjedanput!

XXIII

DANICA, MLADEN, PREĐAŠNJI

DANICA *(nailazi na vrata, za njom Mladen)*.
PAVKA: Ajd' ovamo, pa poljubi ocu ruku!
DANICA *(ljubi ruku Jevremu)*.
MARINA *(iz zadnjih vrata, za njom Ivković)*: Ajde ovamo, pa poljubi majci ruku.
JEVREM *(uplašio se, zbunio, trza ruku koju je Ivković prišao da poljubi)*: Ama, čekajte, brate!
SVI: Ajde, ajde. Neka je sa srećom, daj bože!

PAVKA: Mladene, otrči odmah kuma-Stevi i kaži mu...
JEVREM: Čekaj!... Idi... idi, ovaj, kuma-Stevi i gazda-Arsi i prijatelj-Miki i reci im...
SPIRA: Reci im, gazda-Jevremova Danica...
SPIRINICA: Ama pusti čoveka neka kaže što je počeo!
SPIRA: Ne mešaj se ti!
JEVREM: Čekajte, brate, čekajte prvo da postavimo svaku stvar na svoje mesto.

XXIV

ŽANDARM, PREĐAŠNJI

ŽANDARM *(ulazi sa dna)*: Poslao me, gazda-Jevreme, gospodin načelnik da dođeš do njega, ima gospodin načelnik važan razgovor s tobom.
JEVREM *(srećan i zbunjen sve više)*: Je l' baš on to rekao?
ŽANDARM: Pa jes', rekao gospodin načelnik.
JEVREM: Spiro, pola!
SPIRA: Sve!
PAVKA: Idi ti, Mladene, kuma-Stevi i kaži mu...
JEVREM: Čekaj, čekaj, molim te. Stvar se, kao što vidiš, sasvim zamrsila... upravo, nije se zamrsila nego onako... *(Pavki)*: Dobro, šta hoćeš ti? Hoćeš da Mladen ide kuma-Stevi. Dobro, to znamo. *(Ivkoviću)*: A šta hoćeš ti?
IVKOVIĆ: Ta da vam poljubim ruku.
JEVREM: I to znamo! *(Žandarmu)*: A ti?
ŽANDARM: Gospodin načelnik...
JEVREM: Vrlo dobro... i to znamo...
PAVKA: Pa nek ide Mladen?
JEVREM: Nek ide... idi... čekaj... reci kuma-Stevi...

PAVKA: I prijatelj-Miki...
SPIRINICA: I gazda-Arsi...
JEVREM: Pa dobro, al' šta da im kaže? *(Seti se):* Reci im, gazda-Jevrem se isprosio za narodnog poslanika...
PAVKA: Ama za Danicu.
JEVREM: Pa to, to hoću da kažem, reci žena narodnog poslanika, to jest, ćerka narodnog poslanika, upravo zet narodnog poslanika... odnosno... eto, ne znam ni šta govorim! Zbunili ste me, i ja sad, na primer, ne znam šta govorim, i upravo ne znam ko drži u ruci keca, a ko kralja... *(Ivkoviću):* Pa dabome, kad si i ti umešao tvoju farbu!.. *(Prodera se na Mladena):* Idi, pa reci šta hoćeš! *(Mladen ode.)*
SVI *(smeju se i čestitaju među sobom).*
PAVKA: A žandarmu nisi ništa odgovorio, čovek čeka.
JEVREM: A jes'! *(Prilazi žandarmu i spušta mu ruku na rame):* Ti, brate, ako te zapita štogod gospodin načelnik, a ti samo reci: gazda Jevrem mi je spustio ruku na rame, on zna šta to znači. A za dolaženje, evo, sad ću ja da dođem.
ŽANDARM: Razumem! *(Salutira i odlazi.)*
IVKOVIĆ: Pa hoćete li se, najzad, gazda-Jevreme, i mene setiti?
JEVREM *(spusti mu ruku na rame):* Evo i tebi da spustim ruku na rame.
SPIRA: Tako, brate. To si trebao odmah.
SPIRINICA: Ne mešaj se ti!
SPIRA: Ama ostavi me, ženo, jedanput!...
SPIRINICA: Šta imam da te ostavim, kad neprestano govoriš...
(Oni se i dalje prepiru sve dok se zavesa potpuno ne spusti.)

DRUGI ČIN

Druga soba (s ulice). U dnu dva prozora. Levo vrata koja su zatvorena i pred koja je postavljen visok orman, a desno dvoja vrata.

I

DANICA, IVKOVIĆ, PAVKA

DANICA *(ispraćajući sa majkom Ivkovića koji je završio posetu i pošao)*: Što tako žurite?

IVKOVIĆ: Šta ćete, poslovi! Vi znate da bih ja vrlo rado ostao ovde što duže.

PAVKA: Bolje bi bilo kad bi i tvoj otac gledao tako svoje poslove. Istina, zete, kad bi mu ti progovorio; diže čovek ruke od dućana pa neće više ni da naviri.

IVKOVIĆ: Nezgodno mi je da mu ja govorim. Mislio bi hoću da ga ometem u agitaciji. Zar ne vidite da se sav predao agitaciji protiv mene?

DANICA: Bože, kako je to neprijatno: vi radite protiv njega, a on protivu vas!

IVKOVIĆ: Priznajem da je neprijatno, pa ipak može biti i zanimljivo, jer ko bilo da pobedi, iz vaše kuće ide jedan poslanik u Beograd.

DANICA: Da, ali on vas grdi.

PAVKA: E, pa nemoj ti sad, i zet grdi njega.

IVKOVIĆ: Ja?
PAVKA: Tako on kaže, da govoriš na zborovima protiv njega.
IVKOVIĆ: To je već drugo, sasvim drugo. Samo, otac je otišao dalje od toga, on se upustio sa poslednjim ljudima koji izmišljaju, klevetaju i podmeću. Hvataju čak i one koje ja poslovno gonim. Eto, sećate li se onoga... što je zalutao bio kod vas kad me je jedanput tražio... tužio sam ga zbog žene?
PAVKA *(doseća se)*: Kanda Sima Sokić.
IVKOVIĆ: Da. Taj im je sad najveći agitator, i natutkali ga te kakve sve gadosti ne govori.
DANICA: Jedva čekam da se ti izbori svrše. Mene je čisto strah!
IVKOVIĆ: Pa, ipak, nećemo se mi posvađati. Ne bojte se! Ko pobedi taj će posle oprostiti svome protivniku. Zar ne? *(Gleda u sat)*: Imam ročište koje ne smem da napustim. Gledaću ipak do podne da dođem. Gospođice Danice, vama poveravam interese moje partije. Otac je naredio momku te svakom ko me traži kaže da nisam kod kuće i da neću ni dolaziti, pa mi na taj način odbija birače. Molim vas, ako me ko potraži, recite da ću skoro doći.
DANICA: A ako čuje otac da sam to radila?
IVKOVIĆ: A vi mu recite otvoreno da vi sad pripadate mojoj partiji. Do viđenja!...
DANICA *(na vratima)*: Dođite na podne!

II

DANICA, PAVKA

DANICA: Znaš, majka, pravo da ti kažem, sve me nešto strah od tih izbora.
PAVKA: A što?
DANICA: Da se nešto ne pokvari.

PAVKA: Pa ono, ako ćemo pravo, on bi trebao da popusti, mlađi je.

DANICA: Pa nema šta tu da se popusti: ko dobije više glasova, taj je poslanik.

PAVKA: Znam, al' vidiš, ako ćemo onako familijarno, pravo bi bilo ja i tvoj otac da idemo sad kao poslanici u Beograd, a vas dvoje, mlađi ste, imate vremena.

DANICA: To sve zavisi od toga ko ima poverenje narodno.

PAVKA: A on ga bajagi ima?

DANICA: Pa ima.

PAVKA: Ćuti, boga ti, uhvatio se s kojekakvima!

DANICA: A već otac!

PAVKA: Šta otac?

DANICA: On se ko bajagi s boljima uhvatio!

PAVKA: Ju! Još ćeš početi protiv rođenog oca da govoriš!

DANICA: Neću, ali što je pravo, pravo je! Eto, zar se otac nije uhvatio i sa onim Sretom, a cela ga varoš i ceo okrug zna ko je i kakav je...

PAVKA: I cela varoš i ceo okrug da zna, al' ti ne moraš da znaš, niti se tebe to tiče. Gle ti nje! Nemoj da misliš ako smo pristali da te damo, da smo te upisali i u njegovu partiju!

DANICA: A otkad si ti to u očevoj partiji?

PAVKA: Otkad sam se udala, sinko.

DANICA: E, pa i ja, otkad sam se isprosila.

PAVKA: Prvo i prvo, ako si se i isprosila, on ti nije još muž, a drugo, i da ti je muž, ne bi mu tvoja odbrana ništa pomogla da bude poslanik.

DANICA: Pa biće on poslanik i bez moje odbrane.

PAVKA: E, a ko ti to kaže?

DANICA: Ja kažem!

PAVKA: Od njega si valjda čula?

DANICA: Pa od njega.
PAVKA: A ja sam, vidiš, od Jevrema čula da on neće biti poslanik i da se bambadava bakće i lomi.
DANICA: Ne zna to otac, on misli...
PAVKA: Gle sad ti nje! Dakle, otac ne zna, a on zna?
DANICA: Pa jes'!
PAVKA: Gospode bože, ti to onako — iz inata samo!
DANICA: Ja samo kažem da će on biti poslanik.
PAVKA: Ako je do inata, kćeri, upamti: moj muž mora biti poslanik!
DANICA: Pa neka bude, ako može.
PAVKA: Biće, bome, ja ti to kažem!
DANICA: Osim ako ti ne glasaš za njega.
PAVKA: Nije ni moja majka glasala pa neću ni ja. Ali umem ja i drukčije kad je do inata! Zaći ću po kućama pa ću upaliti žene!
DANICA: Da glasaju?
PAVKA: Ne da glasaju nego da glasaju njini muževi onako kako one hoće. Znam ja dobro u koje ću kuće poći i u kojoj je kući žena gospodar, pa ćemo videti. Kad je inat, umem i ja!
DANICA: Manj ako to ne pomogne!
PAVKA *(krsti se)*: Ju, ju, ju! E, jesi li čula, ti si pustila jezik kao prava opozicija. Zar te nije sramota tako da razgovaraš s majkom?
DANICA: Pa ne, ali...
PAVKA: Ni reči više da mi nisi kazala, da mi ne prekipi. Bolje skloni mi se ispred očiju!
DANICA: Dobro, skloniću se! *(Odlazi u sobu.)*

III

SPIRA, SPIRINICA, PREĐAŠNJI

SPIRA *(za njim Spirinica)*: Dobar dan, svajo!
PAVKA: O, baš dobro...
SPIRINICA: A znaš šta smo rešili ja i Spira?
SPIRA: Ama, nismo rešili nego...
SPIRINICA: Ta pusti me, čoveče, jedan jedini put u životu da kažem što hoću!
SPIRA: Kaži, ali reci kako je u stvari!
SPIRINICA: O, gospode bože! Ne čeka da kažem, pa onda ako ima što da primeti, nego...
SPIRA: Pa dobro, ajde reci.
SPIRINICA: Ja i Spira smo rešili: neka Jevrem bude poslanik, a Spira predsednik opštine.
SPIRA: Eto, kao da to zavisi od toga što smo mi rešili!
SPIRINICA: Ne zavisi, ali ako Jevrem bude poslanik, a on neka gleda! Bolje mu je valjda da metne svoga za predsednika opštine nego tuđina.
SPIRA: Pa jeste, al' ima za to vremena.
SPIRINICA: A što ne bi kazala Pavki?
PAVKA: Pa jeste!
SPIRINICA: Pa neka mu ona ključa svaki dan. Znaš kako je kad žena za nešto zapne?
SPIRA: Znam!
PAVKA: Ama ajde ovamo u sobu da sednemo. Imam vazdan da vam kazujem.
SPIRINICA: Ajde. *(Odlaze svi u desnu sobu.)*

IV

JEVREM, SEKULIĆ

JEVREM *(za njim Sekulić)*: Evo iz ove sobe. Eto taj orman zatvara vrata koja vode u njegov stan.
SEKULIĆ: Baš u njegovu sobu?
JEVREM: Jes', tu mu je kancelarija.
SEKULIĆ: Vrlo dobro, vrlo dobro! *(Pripije se kraj ormana i prisluškuje):* Aha, aha... pa može i da se čuje. Slušaj, gazda-Jevreme, ovaj ćeš orman maći odavde. Metni ga, eno tamo, između prozora!
JEVREM: A zašto?
SEKULIĆ: Treba osluhnuti. Kod njega se skupljaju sumnjivi tipovi, tice. Treba osluhnuti... Tu se svakojako vode razgovori protiv postojećeg stanja, protiv vlade, protiv načelnika, protiv mene; drugim rečima, protiv svega u ovoj zemlji... Treba osluhnuti. A ko drži ključ od tih vrata?
JEVREM *(vadi ga iz džepa)*: Ja!
SEKULIĆ: Ako, ako, to je dobro... Ovaj, kakav ono duvan pušiš ti, gazda-Jevreme?
JEVREM: Mek, mek duvan pušim.
SEKULIĆ *(seo i pravi cigaretu)*: Sedi, sedi, molim te... Mislio sam ja, znaš... u prvi mah da mu otkažemo kvartir. Kakvog to smisla ima: kandidat opozicije pa pod istim krovom sa vladinim kandidatom? Ali, sad sam se na licu mesta uverio da je ovako bolje.
JEVREM: Jes', bolje je!
SEKULIĆ: Ovako ga držim kao buvu pod noktom... *(Pripaljuje cigaretu.)*
JEVREM *(pravi i sam cigaretu)*: Veliš, tako kaže gospodin načelnik?
SEKULIĆ: Šta „kaže gospodin načelnik"? Ne kaže, brate, gospodin načelnik ništa, nego to ja kažem, razumeš li, ja kažem! Oni

samo znaju da kažu: Sekulić ovakav, Sekulić onakav. Čitao si valjda dopise o meni? Pa jeste, bre... *(Gruva se u grudi):* Ja se ne stidim toga što sam bio žandarmerijski podnarednik. Da ih vidim, te školovane, kad dođe tako velika vatra kao što su izbori. Svi se oni izmaknu pa daj Sekulića napred! A ja, bome, izađem pred narod pa „mirno!"... „Narode, razbroj s'!" *(Smeje se zadovoljno.)*

JEVREM: Disciplina, a?

SEKULIĆ: Kažu: Sekulić služi svakoj partiji. A što, brate? Ja sam vojnik, tako sam vaspitan, vojnički. Dosad sam bio u ovoj komandi, sad prelazim u ovu. Ne pitam ja ko je starešina, nego: „Razumem!"

JEVREM: Pa jeste! A kako veliš, je li sve onako spremno?

SEKULIĆ: Šta spremno?

JEVREM: Pa to, za izbore. Jesu l' učinjene sve pripreme?

SEKULIĆ: Šta ima da se priprema? Sve je to, vidiš, ovde, u mome džepu. Za to se ti ne brini, to je moja briga. *(Vadi jednu hartiju iz džepa):* Povadio sam, vidiš, iz akata sve krivice, i one koje su otišle već u akta i one koje nisu još ni došle do akta, sve, sve. Pa onda licitacije, intabulacije, procene, popise, zabrane, prenose, i uopšte takve stvari. Sve ću te grlice sad da hvatam na „kratak poziv" sa tri crvene štrikle. Pa kad mi dođe, a ja tek: „E, grlice moja, ti kanda imaš neku procenu, a? A, ovaj, za koga, ti, prepelice moja, misliš da glasaš, je li za gazda-Jevrema Prokića, a?"

JEVREM *(zadovoljno)*: He, he... formalna agitacija!

SEKULIĆ: Pa, brate, to ti je naš posao! Svaki majstor treba da je pečen u svome poslu. Zašto sam ja ovde, i zašto mi je kralj dao ukaz nego da uputim ovaj narod! Jesi li čitao koji put ukaz u zvaničnim novinama?

JEVREM: Jesam.

SEKULIĆ: „Po milosti božjoj i volji narodnoj: Sekulić, pisar toga i toga sreza, po potrebi službe, u taj i taj srez." Šta znači ono „po potrebi službe"?

JEVREM: Pa to, po milosti božjoj...
SEKULIĆ: Po milosti božjoj, ajde ti, Sekuliću, u to i to načelstvo, i poveravam ti narod toga okruga, odnosno sreza, te ga pouči, uputi i popritegni malo.
JEVREM: Pa jes', mora i da se popritegne... A je l' će da se napravi kakvo nasilje na ovdašnju opoziciju?
SEKULIĆ: Nije to, brate, nasilje, nego: on se protivi vlasti, a ja se naslonim na zakon, i on vrisne. Eto ti, to nije nasilje!
JEVREM *(razmišlja)*: A ovaj, novine? Zar neće o tome novine da pišu i da nadadu dreku?
SEKULIĆ: Čudo božje! Zvanična ispravka pa svršena stvar. Zašto je bog izmislio zvaničnu ispravku nego za to! Pa posle, ja to tako udesim da to i nije nasilje nego dobročinstvo. Zovnem, na primer, kasapina koji liferuje meso okružnoj bolnici, zovnem ga i sasvim mu blago kažem: „Ti, bratac moj, imaš sedam krivica za davanje smrdljivog mesa bolnici, i sva akta tih krivica evo ih u mojoj fioci! Ne kažem da su to bogzna kakve krivice, jer bolesnici i inače imaju rđave stomake, pa im je svejedno je li zdravo ili smrdljivo meso; ali zakon može tebe da uvrne, samo ako ja hoću, a ako neću, može i da te ne uvrne. Metnem ja tebi, na primer, na kantar jedan paragraf, kao meru, pa ti dodam još i jedan raspis kao cubok, pa ode, prepelice moja, s one strane zakona!"
JEVREM *(zadovoljno se smeje)*.
SEKULIĆ: Je li to nasilje? Nije! Naprotiv, to je dobročinstvo. — A istina, je li tvoj momak beležio ko sve dolazi kod Ivkovića? Jesi li mu rekao da beleži?
JEVREM: Jest, rekao sam mu. Mladene!
SEKULIĆ: A je l' poslao Sreta plakate?
JEVREM: Kakve plakate?

SEKULIĆ: Pa one što smo štampali sa potpisom Sime Sokića. Znaš, što sam ti govorio da Sima Sokić objavljuje da mu je Ivković preoteo ženu.

JEVREM *(buni se)*: Kakvu ženu?

SEKULIĆ: Ženu Sime Sokića. Ostavi ti to meni samo! Moram ga ja tako obrukati da ne sme ni iz kuće izaći od bruke.

JEVREM: Ama, pa nije preoteo ženu, zastupa je kao advokat!

SEKULIĆ: Pa znam ja da je nije preoteo, ali ovo je agitacija. Ne misliš valjda da prilikom agitacije treba govoriti istinu narodu? No, lepo bi se ti proveo kad bi govorio istinu!

JEVREM: Pa dobro, al' može čovek da nas tuži za klevetu.

SEKULIĆ: Može, ne kažem da ne može. Al' zato ja imam u kancelariji fioku što guta akta. Progutala je ta jedanput dve i po kile akta jedne istrage, sa saslušanjima četrdeset i dva svedoka i sa tri stručna mišljenja.

JEVREM *(zabrinuto)*: Opet... zar nije bolje da mu što drugo izmislimo nego to da je preoteo tuđu ženu?

SEKULIĆ: Ostavi ti to meni, molim te! Nisu ovo meni prvi izbori.

JEVREM: Pa dobro, al' ako oni meni izmisle tako nešto pa štampaju plakate?

SEKULIĆ: Šta da ti izmisle, da si preoteo tuđu ženu?

JEVREM: Ne kažem to, nego...

SEKULIĆ: Ama gde ti je taj Mladen?

JEVREM: E, pa de!... *(Ode na vrata)*: Mladene!

V

MLADEN, PREĐAŠNJI

JEVREM *(Mladenu koji izlazi)*: Zar ti ne čuješ?

MLADEN: Čujem, nego gazdarica me zadržava.
SEKULIĆ: Jesi li ti zapisao meni svakog redom ko dolazi kod Ivkovića u kancelariju?
MLADEN: Jesam.
SEKULIĆ: Gde ti je taj spisak?
MLADEN: Nemam.
SEKULIĆ: Kako nemaš?
MLADEN: Pa ja nisam pismen.
SEKULIĆ: Pa kako si đavola zapisivao?
MLADEN: Tako... u pameti.
SEKULIĆ: E, ajd' govori!
MLADEN: Prvo i prvo, dolazio je juče posle podne Pera klisar, doneo neku cedulju, pa onda... *(Seća se):* Dolazila je i naša gospođica Danica...
JEVREM: To ostavi... nego drugi, tuđini.
MLADEN: Pa onda... dolazio je pop Vidoje.
SEKULIĆ: Dobro, dobro, pope, obrijaću ja tebe, ako bog da. Hoće opoziciju, a ovamo preskače udovičke plotove!
JEVREM: Jest, kod one Angeline.
SEKULIĆ: Pa onda?
MLADEN: Pa onda... čekaj, pop Vidoje, pa onda opet gospođica Danica...
JEVREM: Ama za druge govori.
MLADEN: A jest, bio je i gospodin Sreta učitelj od jutros.
SEKULIĆ: Dobro, dobro, učo, golube moj, ti i inače gučeš u mojoj fioci!
JEVREM: Kako guče u fioci?
SEKULIĆ: Četiri tužbe, razumeš li, četiri tužbe! Jednom detetu, za jednu zapetu, mal' nije odvalio jedno uvo. Pa je onda, bratac moj, gađao decu tvrdo povezanim knjigama, koje mu je poslalo ministarstvo za poklanjanje dobrim đacima; pa je onda, bratac moj,

pred ljudima u kafani kazao: da je gospodin ministar prosvete jedna obična profesorska stenica, i još, brate moj, svađao se sa ženom pred đacima, pa se žena pred decom pljeskala gde je stigla, a on joj javno kazao da je ona policijsko podsvojče, a ta se uvreda ima da odnosi na mene.

JEVREM: E, taj je bogme mnogo zagustio!

SEKULIĆ *(Mladenu)*: Ko je još dolazio?

MLADEN: Kmet Sredoje, pa posle njega opet gospođica Danica.

JEVREM: Ama preskoči nju!

MLADEN: E, pa onda kmet Sredoje.

SEKULIĆ: Taj kmet ti je riba s obe strane pržena. Guta porezu kao šaran muve. Ovoliko slaninice da metneš na mišolovku pa mora doći da je lizne. S njim mi je bar lako! *(Mladenu):* Ima li još koji?

MLADEN: Pa to, nema više... A jes', jutros je nešto ulazila i gazdarica.

SEKULIĆ *(Jevremu)*: Uha, pa to cela tvoja kuća ode u opoziciju!

JEVREM: Ama nije nego žensko, znaš kako je, mora svuda da zaviri.

SEKULIĆ *(Mladenu)*: Dobro, dobro! Ti pazi samo i dalje pa svakog da mi zapišeš.

MLADEN: Hoću ja! *(Polazi.)*

JEVREM: Ovaj... čekaj, Mladene. Kad je već tu, rekoh, da izmaknemo ovaj orman.

SEKULIĆ: Jest, bogme! Dobro si se setio. Ajde drži! *(Prihvate sva trojica i odnose orman uz drugi zid):* Tako. Eto, vidiš! *(Proviri na ključaonicu):* Sad se može i osluhnuti i videti.

MLADEN *(odlazi).*

SEKULIĆ: E, pa hajde sad i ja na posao. A ovaj, i ti se, gazda-Jevreme, uputi, prođi malo kroz kafane; sedni s ovim i s onim, obećaj ovom ovo a onom ono; pozdravi se i s onim s kim se i ne poznaješ. Znaš kako je, uoči izbora svi smo braća. Jednom plati kafu, drugom

KOMEDIJE I

rakiju; jednom obećaj državnu službu, drugom da će mu se skinuti stečaj; trećem da će dobiti zajam kod okružne štedionice, četvrtom da će mu se rođak pustiti s robije. Obećaj! Obećanja bar ništa ne koštaju.

JEVREM: Jest, i sâm sam to mislio.

SEKULIĆ: E, ajde, u zdravlje, pa na posao! *(Pođe pa se vrati):* Jes', bogami, malo ne zaboravih. No, još mi se i to može desiti da zaboravim. *(Vadi pet-šest neispunjenih menica iz džepa i prelistava ih, čitajući sume):* Sto, dvesta, trista, četiri stotine... Ajd' ovu od pet stotina. Deder, gazda-Jevreme, potpiši ovo!

JEVREM *(zgrane se)*: Koje, more?

SEKULIĆ: Pa ovu menicu, brate, od pet stotina dinara. Nije da kažeš hiljada, nego pet stotina. Evo i slovima piše pet stotina.

JEVREM: E, to ja neću da potpišem!

SEKULIĆ: Ama kako nećeš?

JEVREM: Tako neću! Zašto da potpišem?

SEKULIĆ: Kako zašto? Pa je l' hoćeš da budeš narodni poslanik ili nećeš?

JEVREM: Dobro, al' zašto da potpišem?

SEKULIĆ: E, pa kako ti to misliš; misliš samo pljuni pa zalepi. A treba li ovaj brat da pocepa bar tri para pendžeta i bar jedne herclove? Pa onda: hoće li narod da gucne štogod ili neće? A? E, moj brate, kad bi sve to bilo besplatno, i ja bih bio narodni poslanik a ne bih tebe pustio. Deder, deder... evo ovde! *(Stavlja menicu na sto i pokazuje mu gde treba da potpiše.)*

JEVREM *(snebiva se)*: Ne znam šta imaju pendžeta veze sa mandatom?

SEKULIĆ: E, sinko, mandat se ne stiče glavom nego kesom i nogama. Ti pare, ja pendžeta, a narod mandat!

JEVREM *(snebiva se i lomi)*: Znam, al' to... *(Trgne se)*: A, jok, neću to da potpišem!

SEKULIĆ *(uzima menicu)*: Nemoj! *(Stavlja je u džep)*: Meni mandat ne treba, a ne treba ni tebi, rekao bih. Onaj Jovica ionako mi dosadi govoreći mi kako bi on trebao da bude poslanik.

JEVREM *(prestravljen)*: Zar ti je govorio, boga ti?

SEKULIĆ: Jes', još pre nedelju dana.

JEVREM: E, vidi ga, molim te, to on otišao od mene pa pravo tebi.

SEKULIĆ: Ne znam odakle je otišao, samo čovek moli i preklinje. E, ajd' u zdravlje, gazda-Jevreme!

JEVREM: Pa, dobro, kud ćeš ti?

SEKULIĆ: Idem da gledam svoj posao! *(Polazi.)*

JEVREM: Čekaj de... čekaj da progovorimo ko ljudi!

SEKULIĆ: O čemu da progovorimo?

JEVREM: Pa dobro, kako to može da bude: jedna pendžeta i jedni 'erclovi pet stotina dinara? Da kažeš da je manje...

SEKULIĆ: Pa što tako ne govoriš pa da se kao ljudi sporazumemo. Ako ti je baš toliko stalo za manje... neka bude manje. Meni je glavno da se sporazumemo, a suma je sporedna stvar... Evo, na primer, ova od četri stotine dinara.

JEVREM *(češe se za uvetom)*: Mnogo, brate!

SEKULIĆ: Pa dobro, ajd' ovu od trista, a ako docnije još zatreba, ti si, hvala bogu, tu!

JEVREM *(još se snebiva)*: Znaš, mislio sam...

SEKULIĆ *(trpa mu pero u ruke)*: Ama nemaš ti tu šta misliš. Neka misle oni u Beogradu kojima ti trebaš. Platiće oni to, ako ti ne platiš. Deder, deder!...

JEVREM *(potpisujući nevoljno)*: O, brate!...

SEKULIĆ *(trpa menicu u džep)*: E, tako, vidiš, pa da se ide na posao! U zdravlje! *(Ode.)*

VI

JEVREM, SPIRA, SPIRINICA

JEVREM *(ostaje ukipljen, držeći još uvek pero u ruci; uznosi obrve razmišljajući i izražavajući nezadovoljstvo).*
SPIRINICA *(izlazi iz sobe, za njom Spira i Pavka koja ih isprać a)*: Gle, pa tu je i Jevrem! Baš dobro, mogli bi odmah da progovorimo i s njime.
SPIRA: Neka sad, drugi put ćemo.
SPIRINICA: Ama, čoveče, hoćeš li me jedanput ostaviti na miru bar jednu reč da kažem!
SPIRA: Pa kaži, brate, ali kad je vreme da se kaže!
SPIRINICA: Tebi nikad nije vreme.
SPIRA: Pa nije, dabome!
SPIRINICA: Da nisi ti takav: te nije ti danas vreme, te nije sutra, sve bi drukčije bilo. Nego takav si za svašta!
JEVREM: De, dobro, šta hoćete da mi kažete?
SPIRINICA: Pa to, zete, rešili smo ja i Spira...
SPIRA: Eto opet: „rešili smo"!
SPIRINICA: Ama, pusti me, čoveče, ako boga znaš!
PAVKA: Pa pusti ženu neka kaže!
SPIRA: E ajde, govori, govori!
SPIRINICA: Pa to: rešili smo ja i Spira: ti zete da budeš poslanik, a Spira predsednik opštine.
JEVREM: Pa... to može...
SPIRA: Može, al' kad bude vreme tome.
SPIRINICA: Ama pusti čoveka neka kaže.
SPIRA: Pa to je hteo da kaže.
JEVREM: Pa jeste, to, kad bude vreme. Sad ne možemo ni da razgovaramo o tome.

SPIRINICA: To jeste. Nego kažem samo da znaš šta smo rešili!
(Prilazi Pavki i govori joj poverljivo.)
SPIRA *(Jevremu)*: Kako, kako idu stvari?
JEVREM: Ta... idu... samo košta!
SPIRA: Pa košta, ali vredi.
SPIRINICA: Hoćemo li?
SPIRA: Hajde, zbogom!
PAVKA: Pa dođite! *(Ispraća ih i vraća se.)*

VII

PAVKA, JEVREM

PAVKA: Nisam htela pred njima, ali ovi tvoji dovde mi dođoše.
JEVREM: A zašto, Pavka?
PAVKA: Kako, zaboga, zar ne vidiš kako se sve tumbe obrnulo! Ostavi što mi se od kuće napravi kafana, i što već niko u kući ni o čemu drugom ne govori nego o tome, nego i ova opozicija u kući!
JEVREM: Koja opozicija, Ivković?
PAVKA: Ništa on, ali da čuješ nju.
JEVREM: Koju nju?
PAVKA: Pa tvoju ćerku. Da čuješ samo kako razgovara sa mnom i ide mi uz nos, kao da je u njegovoj partiji.
JEVREM: E pa, Pavka, ti si je upisala u tu partiju, nisam ja, pa sad trpi što te snađe! Nego drugo sam ja hteo tebi da kažem... Ovaj... znaš... u svakoj ustavnoj zemlji red je da se kandidati uoči izbora grde. Može, na primer, da izađe plakat pa da kaže bogzna šta ružno o meni, a može tako isto da izađe plakat pa da kaže nešto ružno za zeta. Jer kako može da se agituje ako se za protivnika ne iznese nešto ružno? Pa... hteo sam, ovaj, da kažem: nemoj ti to da primiš k srcu, a i Danica... to je, znaš, uoči izbora.

PAVKA: Eto ti sad!... A šta može opet tebi da izmisle?
JEVREM: Može svakome da izmisle, samo kad se hoće. Izmisle mi, na primer... izmisle mi... *(Domišlja se):* Izmisle mi, na primer, da sam preoteo tuđu ženu.
PAVKA *(zgrane se)*: Jevreme, pomeri se s mesta! Šta je tebi, čoveče? Gde bi ti mogao u tim godinama preoteti tuđu ženu?
JEVREM: Pa znam ja da ne bih mogao, ali tako izmisle, na primer!
PAVKA: Ako ti izmisle, neka ti nešto drugo izmisle. Za to neću da čujem! Gledaj ti njega! Malo što je digô ruke od dućana i od kuće, nego sad hoće i od žene da digne ruke!
JEVREM: Ama nije, brate, ja to samo onako, na primer.
PAVKA: Neću ni na primer. Takve stvari ne sme ni na primer da ti se dese. Razumeš?
JEVREM: Pa dobro meni; al' recimo izađu plakati u kojima se kaže da je Ivković preoteo tuđu ženu.
PAVKA: Samo da ja čujem to, ionako mi je ta proševina došla dovde!
JEVREM: Pa ne treba to tako da uzimaš k srcu, to je politika.
PAVKA: Ama, kakva politika! Otkuda je to politika da čovek preotme tuđu ženu?
JEVREM: Ne razumeš ti to, nego ajde, blago meni, ti tamo, pa pouči ćerku da je ona u mojoj partiji sve dok se ne venča. Posle kako hoće...
PAVKA *(odlazeći)*: To ti da joj kažeš, ne sluša ona više mene! *(Ode.)*

VIII

JEVREM, zatim IVKOVIĆ

JEVREM *(vadi iz džepa novine, razvija ih, i seda da ih čita).*
IVKOVIĆ: Dobar dan!
JEVREM: Gle, ti si?
IVKOVIĆ: Obećao sam doći pred podne, ali je odloženo ročište pa ja požurio.
JEVREM: Ako, mlad si pa možeš i da požuriš. A jesi li tako tačan i u agitaciji kao što si ovde?
IVKOVIĆ: Ta... radi se koliko se može.
JEVREM: Mnogo govorite, što tako mnogo govorite?
IVKOVIĆ: Kako govorimo?
JEVREM: Pa, tako, zborovi, zborovi, zborovi; ne ostavljate nijedan sokak na miru.
IVKOVIĆ: Pa i vi?
JEVREM: Jok ja! Ovi moji može biti, ali ja ne, ja volim da se ćuti i da se radi.
IVKOVIĆ: Onako ispod žita?
JEVREM: A nije nego kao vi, na talambase!
IVKOVIĆ: A zašto ne bi istinu kazali javno?
JEVREM: Ovaj... u politici se ne kaže samo istina javno, nego i neistina.
IVKOVIĆ: A to ne!
JEVREM: Pa ne kažem ti, ali ima. Ja za moga protivnika ne bih, na primer, nikad izneo tako nešto što nije istina, ali ima koji i to rade. Ima, kažu, u ponekim okruzima, pa štampaju plakate i iznesu kandidatu nešto sasvim ružno, upletu čak i familijarne stvari.
IVKOVIĆ: Voleo bih ja da ko pokuša meni izneti tako što, pa bi video kako bi se proveo.

JEVREM: Eto, kako si prgav. Nek iznosi, brate, što hoće, samo kad ti znaš da nije istina, što te se onda tiče!

IVKOVIĆ: A što da se iznosi ono što nije istina?

JEVREM: E, pa politika, borba, partija, agitacija. A posle, kad prođu izbori, kaže se lepo: ovo i ovo je bila istina, a ovo i ovo nije bila istina. Eto, i vi ste meni u vašim novinama izneli kako sam pre jedanaest godina, kad sam bio opštinski odbornik, pojeo jednogodišnju porezu.

IVKOVIĆ: Pa niste je platili?

JEVREM: Nisam, al' to je zastarelo.

IVKOVIĆ: A vi, zar ništa bolje niste mogli izmisliti protiv mene u dopisima, nego da sam izdajnik otadžbine?

JEVREM: To bar nije ništa, to je sasvim nevino. Čim se dvojica ne trpe, onaj drugi mora biti izdajnik otadžbine. Tako je to u politici. A, posle, nemoj ti da misliš da su ti samo to izmislili, izmisliće oni tebi još nešto gore. Ne brini se, izmisliće ti!

IVKOVIĆ: Slušajte, gazda-Jevreme, ja razumem, iako ne odobravam, ova sredstva u borbi prema protivniku, ali i to mora imati svojih granica. I granica, do koje ću ja dozvoliti da me napadaju, to je moja lična čast. Ako se nje ko dotakne, verujte da će mi to krvlju platiti.

JEVREM: Uha, gde si ti otišao! Što spominješ, brate, krv; što imaš ti tu krv da mešaš, ostavi krv na miru!

IVKOVIĆ: Hoću samo da vam kažem.

JEVREM: Nemoj, brate, ni da mi kažeš. Ne volim ni da mi se kaže: krv. Najbolje je ja i ti, ovako kad smo sami, i da ne razgovaramo o politici; mi smo familija kad smo sami...

IVKOVIĆ: Pa da... Ali... dođe, vidite, tako reč.

JEVREM: Zato, vidiš, mi ne treba nikad da smo sami. *(Na vratima):* Danice! *(Ivkoviću):* Bolje da nismo sami. *(Na vratima):* Danice!

IX

DANICA, PREĐAŠNJI

DANICA *(iznenađena)*: A, to je lepo, tako ste se brzo vratili.
IVKOVIĆ: Da, odloženo je ročište.
DANICA: A ja čujem otac razgovara s nekim pa mislim neko od njegovih ljudi.
JEVREM: A, nije od mojih.
DANICA *(nudeći ga da uđe u sobu iz koje je ona izašla)*: Izvolite, hoćete li unutra? Da probate slatko od ruža, maločas ga je majka skuvala.
IVKOVIĆ: Zar niste vi?
DANICA: Pa i ja sam pomagala.
JEVREM *(više sebi)*: Tako, dabome, eto to je familijarni razgovor, kad se govori o slatku od ruža, a ne krv!

X

SRETA, PREĐAŠNJI

SRETA *(iz džepa mu viri rolna crvenih plakata)*: Dobar dan, dobar dan želim! *(Smuti se kad vidi Ivkovića.)*
JEVREM: Dobar dan, Sreto... *(Zbuni se i sam)*: Ovaj... *(Ivkoviću)*: Idi da probaš slatko od ruža...
IVKOVIĆ: Docnije... Ja bih još imao nešto posla u varoši.
JEVREM *(Danici poverljivo)*: Odvedi ga, odvedi ga!
DANICA *(Ivkoviću)*: Ispratiću vas!
IVKOVIĆ: Do viđenja! *(Odlazi i Danica s njim.)*

XI

SRETA, JEVREM

SRETA: Kada postavimo svaku stvar na svoje mesto, onda, pravo da ti kažem, ovaj Ivković u tvojoj kući nije baš na svome mestu.

JEVREM: Pa... jest... al' šta ćeš, tako se desilo. *(Hteo bi da se izvuče iz toga razgovora):* A ima li što novo?

SRETA: More kako da nema, ugazili smo sad već duboko pa svaki čas novosti. Eto, čuo si valjda da Jovica Jerković prelazi u opoziciju.

JEVREM: Koj'?

SRETA: I da ga čuješ šta piše. *(Razvija jedne novine i čita):* „Do danas sam pripadao..." *(Govori):* To već znaš, nego čuj samo kako svršava: *(Čita):* „Niti ja mogu više pripadati partiji koja kandiduje za poslanike ljude koji su švercovali špiritus..."

JEVREM *(plane)*: Ama koj' špiritus?

SRETA: Ta onaj, de!

JEVREM *(uzbuđen)*: Ama šta meša on špiritus u politiku? Otkud to dvoje zajedno: špiritus i politika?

SRETA: E, al' da vidiš kako sam ja njemu odgudio.

JEVREM: Je l' dopis?

SRETA: Dopis, dabome. Jesi li čitao koj' put dopis sa potpisom „Rišelje"?

JEVREM: Jest!

SRETA: E, Rišelje — to sam ja!

JEVREM: Gle, molim te!

SRETA: Pa jesi li čitao dopise sa potpisom „Helgoland"?

JEVREM: Jes'!

SRETA: E, Helgoland — to sam ja!

JEVREM: Opet ti?

SRETA: O, koliko još potpisa imam ja: „Barnava", „Herostrat", „Golijat", „Hadži-Đera", „Prosper Merime"; sve su to moji potpisi.
JEVREM: Baš umeš ti to, Sreto. A jesi li mu dobro kazao?
SRETA: Kome, Jovici? Slušaj samo: „Naša nacija preboljeva jednu tešku bolest, kojoj je jedini izlaz preporod!" To mu dođe, znaš, kao malo filozofski uvod, a posle mu, ovde dalje, opet na jedan filozofski način kažem: „Jovice, magarčino jedna, zar ti smeš da govoriš o špiritusu, kad si liferovao vojsci crknuto meso?"
JEVREM *(zadovoljno)*: Jes', jes', to ti njemu, to! *(Spazi mu plakate u džepu):* A šta ti je to?
SRETA: Koje?
JEVREM: To crveno?
SRETA: A ovo? Pa to je ono.
JEVREM: Koje ono?
SRETA: Ono što je sastavio Sekulić, štampao sam i već se lepi po ulicama.
JEVREM *(uplaši se)*: Ama da nije to za onoga? *(Pokazuje na Ivkovićevu sobu.)*
SRETA: Pa jeste, za ovu ženu!
JEVREM: Uh, pobogu brate!
SRETA: Slušaj! *(Razvija i čita jedan plakatić):* „Sodoma i Gomora".
JEVREM: A što te crkvene reči?
SRETA: To je samo naslov. Slušaj! *(Čita):* „Advokat ovdašnji, Ivković, kojega izvesne propalice i beskućnici kandiduju i za narodnog poslanika, preoteo mi je venčanu ženu i javno se s njom sastaje..."
JEVREM *(prestravljen maše rukom da prestane čitati)*: Čekaj! *(Ode do Ivkovićevih vrata i oslušne, ode i do drugih pa proviri, i opet se vrati Sreti):* Čitaj lakše!

SRETA *(nastavlja)*: „...I javno se s njom sastaje naočigled celoga građanstva, a na porugu javnoga morala. I takav čovek zastupa pravdu pred sudom, i takav čovek sme da se kandiduje za narodnog poslanika! Na čast stranci koja će se i takvom perjanicom zakititi. Sima Sokić."
JEVREM: Uh, pobogu brate, naružiste grdno čoveka!
SRETA: Naružismo, dabome. Eno, već se lepe plakate po ulicama i zbira se svet u gomilama pa čita. Ovo sam tebi doneo *(daje mu):* jedno stotinak komada da rasturiš po čaršiji.
JEVREM: Ama ko da rasturi, je l' ja?
SRETA: Pa jes', pošlji po tvom šegrtu po dućanima.
JEVREM: Ama zar ja? E, to neću!
SRETA: Kako nećeš?
JEVREM: Pa... ovaj... on je, brate, moj zet!
SRETA: Ako je tvoj zet, nije narodni zet; a ako hoćeš pravo da ti kažem, bolje bi bilo da nije ni tvoj zet. Odsekle su mi se noge kad sam u čaršiji čuo da ti se isprosila ćerka. Kažem Joci crevaru: Ivković je ovakav, Ivković je onakav, i već kažem mu najgore što se može reći o živom čoveku, kao što je to red prilikom agitacije; i kažem mu još: eto, zato ne treba da glasaš za njega. A on veli: pa kad je on tako rđav čovek, zašto mu Jevrem daje kćer?
JEVREM: Pa nije on tako rđav čovek!
SRETA: Pa kad nije, neka on bude poslanik. Ajd', neka on bude poslanik. Da glasamo svi za njega. Je l' hoćeš?
JEVREM *(češe se za uvom)*: Pa ono... tako je, pravo da kažeš, nego...
SRETA: Ili ako nećeš za njega, ajd' da glasamo za Lazu klomfera.
JEVREM: Za kakvog Lazu klomfera?
SRETA: I njegova je lista jutros potvrđena u sudu.
JEVREM: Ama kakva lista? Pa čiji je on kandidat?
SRETA: Socijalistički.

JEVREM: Pa zar i oni?
SRETA: I oni, dabome!
JEVREM: I Laza klomfer kandidat?
SRETA: Jes'!
JEVREM: E, što ne ide ne ide. Otkud on može da bude kandidat. Penje se na kuće i lemi oluke. Dođe neki stranac i vodiš ga kroz varoš da mu pokažeš znamenitosti, a Laza čuči na krovu. Stranac te, na primer, pita: ko je onaj čovek što čuči na krovu? A ti mu kažeš: to je naš narodni poslanik! Može li to bude?
SRETA: More, ne brigaj ti brigu: neće on više nikad začučati na krovu kad čučne jedanput na poslaničku dijurnu.
JEVREM: To jeste!
SRETA: Prema tome, vidiš, sad imaš dva protivnika, pa se mora još življe raditi. Mora se pripraviti javno mnenje, i zato su, vidiš, potrebne ove plakate. Znaš li ti, molim te, šta je to javno mnenje?
JEVREM: Pa... novine.
SRETA: More jok, kakve novine! U novine dođe ono što je pečeno već. A dok se to ispeče ima vazdan posla. Treba da se zamesi u naćve, da se posoli, da naraste, da se metne u kalupe, pa na lopatu, pa u peć.
JEVREM: Pa da se ispeče.
SRETA: Da se ispeče, jest, al' dela ga umesi ako si majstor. A znaš li ti kako se mesi javno mnenje? Još ujutro rano, čim se probudim, pa dok se opasujem, a žena mi donese čašu vode sa parčetom šećera, i kaže mi šta je čula od prija-Mace, kad je na bunaru zahitala vodu. A ne opasujem se ja samo ujutru, i ne pijem vodu sa šećerom samo ja ujutru, nego i ti, i ovaj, i onaj, i svima nama kaže ponešto žena. E, vidiš, to sve mi poberemo svaki od svoje kuće, pa ajd' u kafanu na onu prvu kafu što se izjutra pije. Tu dođe i poštar koji je već čitao novine, tu dođe i telegrafista koji priča da na desno uvo ume da čuje internacionalne telegrame kad prolaze kroz žicu, pa tu pisar

KOMEDIJE I

iz načelstva koji zna šta je poverljivo došlo, pa onda tu mi svi ostali. I kako ko počne da srče kafu tako izručuje na sto sve što je čuo i sve što zna. Tako se tu na sto skupi puno novosti i mi počnemo da ih mesimo. Jedan doda soli, drugi biber, treći dolije malo vode, četvrti pospe još malo brašna da bude gušće, pa kad se rastanemo, a ono vidiš rasprši se javno mnenje u sve sokake, u sve dućane i u sve kancelarije. I onda, to ti je onda kao kad baciš mleko u vodenicu. Bukće i frkće varoški kamen od jutra do podne i melje ono što smo mi bacili pod kamen. Eto, vidiš, kako se pravi javno mnenje ako nisi znao.

JEVREM: A to sve vi kuvate tamo pred „Narodnom gostionicom"?

SRETA: Tamo, dabome! Trebalo bi i ti koji put da svratiš tamo, među nas.

JEVREM: Trebalo bi, vidim da bi trebalo, ali pravo da ti kažem nemam kad.

SRETA: Pa šta radiš po ceo dan kod kuće?

JEVREM: Brinem se... eto, to, po ceo dan se brinem.

SRETA: Šta kog đavola brineš kad mi nosimo tvoju brigu?

JEVREM: Nije za izbore, nego se brinem ako budem izabran. Znaš, otkako sam se rešio da budem narodni poslanik, a mene onako neka tuga podilazi. Nije upravo ni šala! Velika sala, pa tu klupe, pa puno ljudi, pa ministri; pa onda tu publika i narod, i svi viču, na primer... Ono kad viču svi i lako je, vičem i ja, pa eto ti. Ali tišina, brate moj, tišina na primer. Poleti muva, i cela Skupština čuje zuuuc... formalna tišina. A tek predsednik uzme zvonce pa: ziminimi, ziminimi, nimi, nimi, nim! Gospodin Jevrem Prokić ima reč! A?!

SRETA: A ti ustaneš pa govoriš.

JEVREM: Jest, govoriš, ali ti se stegne srce pa se napravi ovoličko...

SRETA: Slušaj, brate, da postavimo svaku stvar na svoje mesto. Znaš kako ti je to u Skupštini: ako govoriš za vladin račun, opozicija će reći da si glupo govorio, a ako govoriš za opoziciju, vladina će

stranka reći da si glupo govorio. U svakom slučaju ne gine ti da glupo govoriš, pa onda...
JEVREM *(prekide ga)*: Ama nije to. Meni je svejedno šta ću ja da govorim, nego je ovde pitanje kako ću da govorim?
SRETA: Pa tako lepo, ustaneš pa govoriš.
JEVREM: Jest, ustaneš! A vilice ti se stegle i jezik odebljao, a suze ti naišle na oči...
SRETA: More, oslobodićeš se, polako!
JEVREM: Pa to sam, znaš, i hteo da probam, da se oslobodim.
SRETA: Kako da probaš?
JEVREM: Čekaj da vidiš. *(Pogleda najpre na vrata leve sobe i zatvori ih, zaviri zatim kroz ključaonicu Ivkovićeve sobe, a zatim kuca na vrata)*: Danice, Danice! *(Gunđa, sam za sebe)*: Gledaj ti, molim te, nje!

XII

DANICA, PREĐAŠNJI

DANICA *(ulazi spolja)*: Evo me!
JEVREM: Je l' tamo onaj tvoj?
DANICA: Nije, otišao je.
JEVREM: Pa šta ćeš ti tamo?
DANICA: Pa ja čuvam ključ od njegove kancelarije.
JEVREM: Ti?
DANICA: Jeste!
JEVREM: Dobro, čuvaš ključ, to razumem. Al' šta ćeš u kancelariji?
DANICA: Čitala sam.
JEVREM: Šta si čitala?
DANICA: Nešto!

JEVREM: Nešto. Daću ja tebi nešto! Ajd' tamo u kujnu, kod majke, pa radi nešto. Ajd'!
DANICA: Idem. *(Ode.)*

XIII

JEVREM, SRETA

JEVREM: Nešto!
SRETA: Tako je to, dabome, kad ti je on u kući.
JEVREM: Nešto, hm, nešto! *(Zatvori vrata kroz koja je Danica otišla):* Eto, sad nema nikog. Molim te ko brata, uzmi ovo zvonce pa sedi, evo ovde sedi, pa da mi daš reč. Hoću baš da probam. Ne znaš kako me to muči.
SRETA: Možemo, možemo! *(Sedne za sto):* Čekaj prvo da postavimo svaku stvar na svoje mesto. *(Meće zvonce):* Tako. Ajd' sad! Sedi ti tamo pa traži reč!
JEVREM *(ode još jednom te oslušne na vratima pa se vraća i seda na stolicu prema Sreti; ukruti se, iskašlje, ustane sa stolice i diže ruku uvis)*: Molim, gospodine predsedniče, za reč!
SRETA: Ama čekaj, kud si navro! Ne ide to tako! Prvo da otvorim sednicu.
JEVREM *(sedne)*.
SRETA *(ustane, silno zvoni i razdere se)*: Mir, mir kad vam kažem! Jeste li svi na broju?
JEVREM: Jesmo!
SRETA: Molim gospodu stenografe da se spreme. Molim gospodina sekretara odbora za molbe i žalbe da mi da poslovnik, da mi se nađe pri ruci. Molim gospodu poslanike da govore učtivo kako se ne bi dešavali sukobi. Molim galeriju da održava red. Mir kad vam kažem! *(Sedne.)*

JEVREM *(kao pre)*: Molim, gospodine predsedniče, za reč! *(Sedne.)*
SRETA *(dugo zvoni)*: Gospodo, gospodin Jevrem Prokić ima reč!

XIV

PAVKA, PREĐAŠNJI

PAVKA *(na vratima)*: Jevreme, crni Jevreme!
SRETA *(strogo)*: Pst!
JEVREM: Ćuti, idi odavde!
PAVKA: Ama samo da ti kažem.
SRETA *(ljutito zvoni)*: Molim, na mesto, ne dozvoljavam da govori ko nema reč!
JEVREM *(Pavki)*: Idi kad ti kažem!
PAVKA: Dućan, Jevreme!
SRETA: Tražite reč!
JEVREM: Nemoj da tražiš reč, nego da nas ostaviš! Molim te, Pavka, da nas ostaviš!
PAVKA: Ama došao šegrt iz dućana da javi...
JEVREM: Nek javi tebi, a mene ostavi na miru. Ajde, ajde, ovo je važnije. *(Izgura je i opet zatvori.)*

XV

SRETA, JEVREM

SRETA *(zvoni)*: Jesu li udaljeni svi koji su nenadležni?
JEVREM *(sedajući)*: Jesu!
SRETA *(zvoni)*: Gospodo, gospodin Jevrem Prokić ima reč!
JEVREM *(sav se preneo u skupštinske klupe i celu stvar uzima ozbiljno i očajno; kad dobije reč, oseti da mu je zaigralo srce i preplaši se;*

zatim se pribere, pa se svečano diže, iskašljuje se i zauzima govornički stav)*: Poštovana gospodo, narodni predstavnici ove kuće!... Ja... ovaj... ja... Na primer... *(Zapeo, ne ume dalje, očajno razmišlja.)*
SRETA *(zvoni)*: Molim, nemojte prekidati govornika!
JEVREM *(pribira se, briše čelo i odvaži se ponovo)*: Poštovana gospodo, predstavnici ove kuće!...
SRETA *(zvoni)*: Molim govornika da ne govori po dva puta o istome predmetu.
JEVREM *(prilazi Sreti familijarno)*: Znaš, ja sam hteo...
SRETA *(zvoni energično i dere se)*: Na mesto! Molim gospodu poslanike da zauzmu mesto, galerija neka zauzme mesto, stenografi neka zauzmu mesto, vlada neka zauzme mesto, narod neka zauzme mesto, svaku stvar treba postaviti na svoje mesto! *(Zvoni.)*
JEVREM *(preplašen odlučnošću Sretinom sedne poražen na svoje mesto)*.
SRETA *(obično)*: Aha! Je l' vidiš šta je vlast? Misliš ti to je tako! A šta misliš tek tamo, u Skupštini: galerija, žandarmi, pa polijeleji...
JEVREM *(zabrinuto)*: Nije lako!
SRETA: Zato je, vidiš, država i odredila po dvanaest dinara dijurne od sednice, za taj strah što ga pojedeš. Ajde, ajde, sedi pa iz početka da se oslobodiš malo.
JEVREM: Al' nemoj da me buniš! *(Nešto hrabrije):* Molim za reč!
SRETA *(zvoni)*: Gospodin Jevrem Prokić ima reč.
JEVREM *(diže se, govori malo odvažnije)*: Poštovana gospodo i braćo, predstavnici narodni. U našoj zemlji ima raznih nepravilnosti. Budžet, na primer, nije u ravnoteži prema svima građanima. Dok... ovaj... jedan kraj... jedan kraj naše otadžbine ima i šumu i rasadnik i strugaru i... okružnu komandu, na primer, dotle se u drugom kraju ne primenjuje pravilno zakon o naknadi štete pričinjene gradom, na primer...
SRETA: Tako je!

JEVREM *(ohrabren)*: Ja sam, braćo moja, dugo razmišljao o tome kako da se tome zlu koje se ukorenilo u našem narodu stane na put, i došao sam do zaključka da je najbolje da se to ostavi vladi da ona razmišlja o tome.

SRETA *(jednim glasom)*: Tako je! *(Drugim glasom):* Nije tako! *(Prvim):* Jeste! *(Drugim):* Nije! *(Prvim):* Vi dok ste bili na vladi upropastili ste ovu zemlju! *(Drugim):* Ćutite vi, izdajnici! *(Prvim):* Ko je izdajnik? *(Drugim):* Ti! *(Prvim):* A ti si lopov i hulja! *(Svojim glasom):* Pljus! Pljus! *(Šamara po vazduhu dok i samog Jevrema ne ošamari. Zatim zvoni silno):* Mir, mir, gospodo! Molim, čuvajte dostojanstvo ovoga doma! Umoljava se gospodin poslanik koji je opalio šamar ovome drugome gospodinu poslaniku da trgne šamar natrag. Skupština prima k znanju ovaj šamar i prelazi preko istoga na dnevni red!

JEVREM *(za sve vreme sa čuđenjem ga posmatrao)*: Šta ti je?

SRETA: Pa hoću, brate, da ti potpuno predstavim Skupštinu. Posle svakog značajnijeg govora mora da se larma. Jedni viču: „Tako je!" drugi: „Nije!" Pa onda jedni viknu: „Ti si izdajnik!" A drugi: „Ti si lopov." Pa onda jedan poslanik opali drugome šamar, i onda se pređe na dnevni red.

JEVREM: A kako ti izgleda, mogu li? A?

SRETA: Doteraćeš se ti još kako!

JEVREM: Samo, molim te, da svratiš češće, pa još koj' put ovako.

SRETA: Može, doći ću sutra. Na dnevnom je redu sutra zakon o neposrednoj porezi. Upamti to!

XVI

GOSPA MARINA, PREĐAŠNJI

MARINA *(dolazi spolja)*: Dobar dan, prijatelju, dobar dan želim! Ju, da vas nisam u poslu prekinula?
JEVREM: A nije, svršili smo!
MARINA *(pakosno)*: Neka trgovina valjda?
JEVREM: A nije... onako posao!
SRETA: Ajd', ja odoh!
JEVREM: Pa dođi sutra. Zakon o neposrednoj porezi, reče?
SRETA: Jes'! Zbogom!
JEVREM: Zbogom!
SRETA *(odlazi)*.

XVII

MARINA, JEVREM

MARINA *(pošto je Sreta otišao)*: Ovo meni, prijatelju, liči na agitaciju; čim je taj Sreta tu.
JEVREM: Pa šta ćeš, prijo, i to je posao!
MARINA: Ono i jeste posao, kako da nije. A zbog toga sam posla, ako hoćete, i došla da razgovaramo.
JEVREM: Pa ako, prijo, da razgovaramo. Izvol'te, sedi!
MARINA *(sedajući)*: Ja mislim, prijatelju, da za takve stvari kao što je, što kažu, veza za ceo život, treba najpre iskrenost.
JEVREM: Treba!
MARINA: I onda, znate, kad nema iskrenosti na prvom koraku, onda, što kažu, nema života.

JEVREM: Nema! *(On u jednom mahu spazi crvene plakate koje je Sreta ostavio, pretrne živ i ščepa ih te merka na sve strane sobe gde bi ih sakrio.)*
MARINA: I onda, kad je tako, ja ne razumem ovu vašu agitaciju?
JEVREM *(sakrije plakate iza leđa)*: Koju agitaciju, na primer?
MARINA: Pa to, što hoćete da budete narodni poslanik.
JEVREM: A, to? *(Vrati plakate pod miške.)*
MARINA: Mi kad smo prosili vaše dete, vi niste kazali da hoćete da budete narodni poslanik, a to se protivi iskrenosti!
JEVREM: Kojoj iskrenosti?
MARINA: Vidite, gazda-Jevreme, ja ću da budem otvorena. Vaš zet vam to može biti neće reći, al', bogami, ja volim s farbom na sredu!
JEVREM: Pa jes', vi volite!
MARINA: Ne kažem, prijatelju, da se nama nije dopala devojka i, što kažu, sporazumeli smo se kao ljudi i za sve drugo što pripada devojci i što je potrebno za bračni život. Ali, prijatelju, kad je došlo do toga da se izađe s farbom na sredu, onda vam ja moram reći da smo mi na drugo računali.
JEVREM: Na šta drugo?
MARINA: Vidite, prijatelju, vaša familija izgleda vrlo velika?
JEVREM: I moja i ženina.
MARINA: Možda najmanje dvadeset do trideset glasova, a to nije malo kad se glasa za izbore.
JEVREM: Pa nije!
MARINA: Pa vidite, ja vam moram reći da smo mi i na to računali. Kad god sam dolazila u vašu kuću, a ja sam prebrojavala po vašim zidovima muške glave i mislila u sebi: Eto, moj sestrić, uz ženu, dobiće kao miraz i ovih trideset glasova.
JEVREM *(iznenađen)*: Ama uz kakvu ženu?

MARINA: Pa, molim vas lepo, kad bi recimo s vaše strane postojala iskrenost, kome bi drugom vi dali te glasove nego svome zetu? Eto, kažite sami!
JEVREM: Gle sad! Na šta pa ona računa? Pa zar, bre, dajem pare, pa dajem nameštaj, pa dajem devojku; pa sad još i celu familiju da mu dam?
MARINA: Ne kažem to, prijatelju, al' ovde je reč o iskrenosti. Da smo mi znali da vi hoćete da budete poslanik...
JEVREM: A da sam ja znao da on hoće da bude poslanik...
MARINA: Pa lepo, prijatelju, al' kad se hoće, sve se to još može popraviti.
JEVREM: Kako da se popravi?
MARINA: Možete se vi još i odreći!
JEVREM: Šta kažeš? Da se odrečem? Ama koj' da se odreče? Zašto da se odrečem? Čega da se odrečem?
MARINA: Da se odrečete familije u korist vašega zeta!
JEVREM: Ama, kako pobogu brate, da se odrečem familije?
MARINA: Hoću reći, nije familije, nego da se odrečete kandidacije u korist vašeg zeta. A vaša familija da glasa za njega.
JEVREM: A, dakle, to mu je dakle ta iskrenost?
MARINA: Pa jeste, to je, ako hoćete!
JEVREM: A je l' te on, boga ti, prijo, poslao da mi govoriš?
MARINA: Bože sačuvaj, prijatelju! Ali sam ja, znate, ovu stvar sasvim iskreno počela, pa sam rada da se održi ta iskrenost između nas.
JEVREM: Pa to iskrenost, da se ja odrečem kandidacije?
MARINA: Može to, prijatelju, da se udesi pa i da se ne odrečete. Kad u porodici vlada iskrenost, onda je lako sporazumeti se. Mogli bi vi i da ostanete kandidat, pa neka glasaju za vas vaši ljudi, a vaša familija da glasa za vašega zeta. Eto, to bi bio red!

JEVREM: I red bi valjda bio da on ide u Skupštinu a ja da ne idem?

MARINA: Pa i jeste to red, ako hoćete.

JEVREM: E neće ga otići! I ne samo moja bliža familija, već i oni što mi padaju rod po maćehi, i sve što njima pada rod neće glasati za njega.

MARINA *(ustaje)*: Uostalom, sigurna familija! Što se ja tu jedim kad ionako ne bi bilo nikakve koristi. Pola familije i nema pravo glasa!

JEVREM: Koj' nema pravo glasa?

MARINA: Ja ne znam ko — al' pogledajte ih samo *(pokazuje fotografije):* same njuške.

JEVREM: Kakvi su da su, za mene će da glasaju, a vi, prijo, nemojte da vređate ničiju familiju!

MARINA: Molim vas, iskrenost nije uvreda; a ako vi na uvredu izvrćete, onda bolje da prekinemo taj razgovor. Idem ja da obiđem prija-Pavku.

JEVREM: Pa jes', to je najbolje!

MARINA *(polazeći u sobu)*: Kao da nismo ni razgovarali, prijatelju!

XVIII

JEVREM, MLADEN

JEVREM *(gunđa)*: Ko da nismo ni razgovarali! Daj mi familiju, pa onda, kao da nismo ni razgovarali. *(On sad tek vidi da drži još pod pazuhom crvene plakate)*: O, gospode bože, gde ću s ovim? *(Traži gde bi ih sakrio pa kad ne nalazi, on ih trpa u džep od kaputa.)*

MLADEN *(unosi jedno pismo)*: Pismo, gazda!

JEVREM: Je l' za mene?

MLADEN: Jes'!
JEVREM: Ko je doneo?
MLADEN: Jedan žandarm.
JEVREM *(ščepa grčevito)*: Pa što ne govoriš da je žandarm doneo! *(Otvara i gleda potpis)*: Sekulić. *(Čita):* „Gazda-Jevreme, u kafani kod „Slobode" skupio se cvet građanstva koji će sad tvojoj kući da te u ime naroda pozdravi. Ja sam ih častio, račun iznosi 87 dinara. Oduševljenje veliko. Dočekaj ih lepo i održi im jedan govor. Tvoj Sekulić." *(Prestravi se):* Eto ti sad! Otkud sad najedanput da se skupi cvet građanstva? I kakav govor, otkud meni govor? *(Zbuni se i ustumara):* Idi, Mladene, čekaj, nemoj da ideš... *(Čita pismo):* „Račun iznosi 87 dinara, oduševljenje veliko." *(Mladenu):* Zovi mi ovamo... Ta što si se zbunio? Što si se zbunio, kog đavola, kao da ćeš ti da držiš govor? Idi mi zovi Danicu... Nemoj... Ja ću je zvati... Idi napolje pred kapiju, pa kad vidiš građanstvo — je l' znaš šta je građanstvo? — kad vidiš građanstvo da ide ovamo, a ti da mi javiš. Ajde, ajde brže!
MLADEN *(ode)*.

XIX

JEVREM, DANICA

JEVREM *(zbunio se i uzmuvao, ne zna na koju će stranu ni šta da počne)*: Šta sam ono hteo?... *(Seti se):* A, jest!... Ne, nije! Ne znam prosto ni s koga kraja da počnem... E, ovo je baš prava situacija. I deder ti sad reci mi šta da radim? *(Razmišlja se i doseti se):* Mladene! *(Na druga vrata):* Danice, Danice!
DANICA *(ulazi)*: Šta je?
JEVREM *(domišlja se)*: Ti imaš lep rukopis?
DANICA: Nemam!

JEVREM: Nemaš, ali lakše pišeš. Meni je lakše da dignem sto kila nego da napišem jedno „a". Nemam dara za pisanje. Pa dabome, ne može čovek za svašta da ima dara. *(Šeta uzbuđeno i frkće.)*
DANICA: Šta ti je?
JEVREM: Tek što nisu došli, razumeš li, tek što nisu došli!
DANICA: Ko, zaboga?
JEVREM: Ko? Deputacija! Znaš li ti šta je to deputacija? Građanstvo, cvet građanstva, narodna svest, demonstracija. Znaš li ti šta znači to kad ti narodna svest dođe u kuću? Ja bih voleo da vidim toga koga to ne bi zbunilo?
DANICA: Pa je l' treba da im govoriš?
JEVREM *(drekne)*: Pa to je ono! I bar da su mi ranije javili! Otkud čoveku može ovako naprečac da padne što pametno na pamet? O, ljudi božji, šta me je snašlo? Pa onaj mi još pominje špiritus. Špiritus, ja! Nek dođe da vidi šta je špiritus!... Ovaj, sedi molim te, pa piši.
DANICA: Nemam hartije.
JEVREM: Pa razume se da nema, ko je od nas to mislio pa da spremi hartije? *(Vadi iz džepa puno hartija, zagleda jedno pismo)*: „Pop Spira..." *(Čita)*: „Al' ako si siguran da mi izradiš pomilovanje za ono što su me obedili da je moja služavka rodila..." *(Govori)*: Evo, ova je polovina čista. *(Otcepi polovinu i da joj)*: Piši, molim te!
DANICA *(umoči pero i seda)*.
JEVREM *(šeta uzbuđeno, misli i gricka nokte)*: Da l' da kažem „Gospodo"? Ne, bolje je „Građani"! Ili, čekaj, briši „Građani", pa kaži: „Braćo"! Jesi li napisala „Braćo"?
DANICA: Jesam.
JEVREM: E, dobro, s tim smo gotovi. *(Misli)*: Sad bi trebalo nešto i da se kaže ljudima. Ne može samo „Braćo". *(Opet misli)*: Napiši... E, pa de sad, kad oni tako iznenada... Napiši... napiši... Čekaj, nemoj ništa da napišeš. *(Uhvatio se obema rukama za glavu, pa očajno gleda u zemlju.)*

DANICA: A, da znaš, oče, što je gospodin Ivković divan govor napisao da ga pročita svojim biračima.
JEVREM: Dabome, lako je njemu kad unapred zna da će govoriti. A otkud ti znaš da je divan govor?
DANICA: Eno mu i sad stoji na stolu. Ono „nešto" što sam čitala malopre kad si me ti grdio, bio je taj govor. Našla sam ga na stolu pa sam ga čitala. Divan govor!
JEVREM: Pa dobro, šta kaže, znaš li makar prve reči?
DANICA: Ne znam!
JEVREM: Baš si prava ćurka, zar nisi mogla da upamtiš makar prve reči?

XX
MLADEN, PREĐAŠNJI

MLADEN *(upadne i razdere se)*: Idu!
JEVREM *(prestravljen)*: Ko, brate? Govori, ko?
MLADEN: Evo ih ozgo, tek što nisu došli!
JEVREM: Ama što urlaš, pobogu brate! Ko ide? *(Ščepa ga i drmusa)*: Govori, ko ide?
MLADEN: Narod, deputacija. Dotrčao jedan kelner iz kafane pa kaže: „Poslao me gospodin Sekulić da kažem gazda-Jevremu da idu."
JEVREM *(zbuni se još više)*: Dabome da idu, razume se, idu. Možda su već vrlo blizu, a ja još ne znam ni kako da počnem. *(Uzmuva se, zbuni se, turi ruku u džep i nađe ono zvonce. Zazvoni, pa se trgne i baci ga na zemlju kao da se opekao)*: Koješta, otkud sad opet ovo zvonce, i šta će mi to zvonce? *(Krsti se)*: Gospode bože, na šta će ovo izaći! *(Spazi Mladena i izdere se)*: Ama šta si mi tu stao kao... Bleneš samo! Idi, idi napolje pa da mi javiš kad ih vidiš na uglu! *(Mladen ode. Danici)*: Pa i ti brate, idi pa spremi za posluženje!

DANICA: Hoću li rakiju?
JEVREM: Jeste, rakiju!
DANICA *(ode).*

XXI

JEVREM, sam

JEVREM *(dohvati ono zvonce sa poda i metne ga na sto)*: Bar da je upamtila samo početak od njegovog govora. *(Šeta uzbuđen):* Mora da su već blizu. Može biti sasvim blizu? *(Gleda na prozor):* Ne vidi se, a i da se vidi, šta imam od toga, kad nemam ni reči napisane, a oni idu i tek što nisu došli. *(Nasloni se na sto):* „Braćo!" *(Naslanjajući se napipa opet zvonce pa ga ščepa i baci na pod):* A on ima divan govor, čitala ga je Danica i kaže da je divan. I sad taj govor stoji bambadava tamo na stolu, a ja — nemam ni reči. *(Sine mu misao u glavu):* Bogami, i to bi moglo... zašto da stoji bambadava, a on može da napiše i drugi. *(Osluškuje):* Kanda se čuje larma? More ovi odistinski idu! O, brate, što me snađe napast ni kriva ni dužna. *(Osluškuje na Ivkovićevim vratima):* Nije ovde, otišao je u agitaciju. *(Viri):* A govor eno ga tamo na stolu leži. *(Vadi ključ iz džepa):* Dobro kaže Sekulić, da izmaknemo orman. *(Otključava polako vrata, obzire se i šapće):* On može napisati i drugi. *(Ulazi u Ivkovićevu sobu a malo zatim vraća se radostan, sa govorom u ruci, zaboravljajući da zatvori vrata za sobom. Kad uđe u sobu razvija i razgleda):* I što je glavno, čitko napisano! *(Spolja se čuje larma.)*

XXII

JEVREM, MLADEN, GRAĐANI

MLADEN *(utrči):* Evo ih! *(Otvara širom vrata):* Izvol'te, braćo!

GRAĐANI *(ulazi gomila raznolikih tipova, koji su pomalo i đornuti; pre ulaska se guraju na vratima ili zastajući nude jedan drugoga da uđe; među njima je i Sreta; još od ulaska na njegovu komandu viču)*: Živeo gazda Jevrem Prokić! Živeo narodni poslanik!
SRETA *(prilazi Jevremu)*: Jedan će govoriti, da odgovoriš! *(Vraća se gomili i nudi pojedine da govore.)*
KAFANSKI MOMAK *(progura se kroz gomilu i prilazi Jevremu podnoseći mu jednu hartiju)*: Poslao gospodin Sekulić da se plati.
JEVREM: Šta je to?
KAFANSKI MOMAK: Račun za ove što su pili.
JEVREM *(uzima račun i trpa ga u džep)*: Dobro, posle!
TRI GRAĐANINA *(ispadnu iz gomile napred i počnu jednovremeno)*: Gazda-Jevreme!... *(Pogledaju se, pa, kao ustupajući jedan drugom, sva se trojica povuku natrag.)*
SRETA *(upadne u gomilu, grdi ih i izgura jednog)*.
ČETVRTI GRAĐANIN: Dra... dragi gazda-Jevreme! Mi ovde, mi što nas vidiš i kako se uzme stvar... To smo mi. *(Ne ume dalje, zbunio se, očajno gleda u gomilu iz koje su ga izgurali.)*
PETI GRAĐANIN: Da, mi svi, kao što reče brat predgovornik, ako se stvar ozbiljno uzme, mi smo oni što ćemo glasati. Mi želimo da ti ideš u Skupštinu od narodne strane, i da radiš takve stvari koje će za narod biti korisne. A mi svi što nas ovde vidiš, kao što reče brat predgovornik, mi ćemo uvek za tebe da glasamo i da ginemo ako treba. U to ime kličem: Živeo gazda Jevrem Prokić!
SVI: Živeo narodni poslanik!
JEVREM *(za sve vreme bio je u velikom uzbuđenju i zabuni gledajući netremice u tavan)*: Gospodo i braćo! Dragi građani i naši birači. *(Ušeprtlja se i tura ruku u levi džep gde napipa crvene plakate, turi zatim u desni džep i napipa Ivkovićev govor. Razvedri mu se lice zadovoljstvom i iznese hartiju, ali umesto govora iznosi račun koji je malopre dobio i stane ga naglas čitati)*: Braćo! Četrdeset i dva litra

vina... *(Prekine)*: Ko mi sad dade ovaj račun? *(Zgužva ljutito i baci na zemlju pa izvadi Ivkovićev govor i čita):* Braćo! Hvala vam na izrazima poverenja, koje mi je utoliko dragocenije jer stojim pred ozbiljnim zadaćama i teškim dužnostima. Mi se, braćo, moramo uporno i odlučno boriti protivu današnje vlade, koja nije izraz naroda, i koja se svojim delima daleko udaljila od narodnih želja i narodnih potreba...
SVI: Tako je! Tako je!
JEVREM *(pao u vatru i sad sve slobodnije čita)*: Naša je zemlja, braćo, zadužena i razrivena, zakoni su osramoćeni i proigrani, a narod je ogolio i obosio...
SVI: Tako je!

XXIII

PAVKA, PREĐAŠNJI

PAVKA *(uletela je sva zajapurena)*: Jevreme!
JEVREM *(maše joj rukom da ćuti i nastavlja)*: Hoćemo li, braćo, vladu koja je narod upropastila i dalje da pomažemo? Ne, nećemo...
SVI: Nećemo!
SRETA *(uzvrdao se, ne zna šta će: čas trči Jevremu i govori mu, čas građanima, i objašnjava im nešto).*
PAVKA *(očajno)*: Jevreme, dućan je pokraden!
JEVREM: Neka je pokraden!
SRETA: Slušaj, gazda-Jevreme...
JEVREM *(maše mu rukom da ćuti)*: I zato, braćo, ja s vama zajedno uzvikujem — dole vlada!
SVI: Dole vlada!
DANICA *(unela je poslužavnik sa rakijom i stala u stranu očekujući kraj govora, te da posluži).*

MARINA *(izišla je za njom i stala na prag od sobe).*
SRETA *(objašnjava se živo sa Jevremom koji ga ne razume).*
IVKOVIĆ *(našao vrata od svoje sobe otvorena, upada ljutito držeći jedan od onih crvenih plakata u ruci)*: Gospodine taste, ovo je kleveta koja se krvlju plaća. Vi i vaši ljudi ovo rasturate!
DANICA *(vrisne i ispusti poslužavnik).*
PAVKA *(očajno)*: Jevreme, dućan!
SRETA: Gazda-Jevreme, popravljaj situaciju!
JEVREM *(zbunjeno i tupo posmatra sve redom; on nikog ne čuje i nikog ne razume, i najzad očajno uzvikne)*: Dole vlada!
SVI: Dole!
SRETA *(publici)*: E, sad je postavljena svaka stvar na svoje mesto!

TREĆI ČIN

Pozornica na sredini podeljena. Leva (od gledalaca) polovina je Ivkovićeva soba, a desna Jevremova, deo sobe u kojoj je prošlog Čina igrano. Na obema sobama prozori na zadnjim zidovima. Vrata koja vode iz jedne sobe u drugu širom su otvorena i više su napred.

I

JEVREM, IVKOVIĆ

JEVREM *(u svojoj sobi, držeći u ruci jedan zgužvan broj novina govori preteći Ivkoviću)*: To nije izraz narodne svesti, to nije dopis, to nije politika, to je kleveta!

IVKOVIĆ *(u svojoj sobi držeći jednu zgužvanu crvenu plakatu)*: Ako hoćeš da znaš šta je kleveta, a ti turi ruke u svoje džepove, tamo ćeš naći ove plakate.

JEVREM: A ovaj telegram u novinama?

IVKOVIĆ: To je sušta istina. U telegramu stoji da si ti, gazda-Jevreme, govorio protivu vlade i ništa više.

JEVREM: Govorio protivu vlade? Pa dabome da sam govorio protivu vlade kad si mi podmetnuo tvoj govor!

IVKOVIĆ: Ne kažeš mi hvala što nisam u telegramu javio da si mi ukrao govor.

JEVREM: Tu reč da trgneš, jesi čuo! Ne kradem ja, bre, ja sam karakterna individua!

IVKOVIĆ: Pa jes', moj govor je sam uleteo u tvoj džep!
JEVREM: Zet si mi, mogu da se poslužim tvojim govorom; ako te je žao, mogu i ja tebi napisati jedan pa da ti vratim zajam.
IVKOVIĆ: Hvala! Piši ti sa tvojim ljudima paškvile.
JEVREM: Drugom to da kažeš, jesi čuo...
IVKOVIĆ: Ja tebi kažem, a ti reci onom kome treba!
JEVREM: Nije te ni sramota: za jedan govor potegô kroz novine da se žali!
IVKOVIĆ: Nisam se žalio, ja sam samo izneo da si i ti prešao u opoziciju.
JEVREM: U opoziciju? S tobom valjda?
IVKOVIĆ: Nije sa mnom nego protiv vlade.
JEVREM: Protiv vlade? Ja protiv vlade? Zar te nije sramota u oči da me pogledaš?
IVKOVIĆ: Nije me sramota, jer sam kazao istinu.
JEVREM: To što si pljunuo odmah da poližeš! Telegrafski da poližeš. Ja ću da platim depešu, inače...
IVKOVIĆ: Šta inače?
JEVREM: ...Inače ću ja telegrafisati u Beograd da ti lažeš...
IVKOVIĆ: Ja ću onda štampati tvoj govor.
JEVREM: Ama otkud moj, kad je to tvoj govor?
IVKOVIĆ: Ti si ga govorio...
JEVREM: Hoćeš li da pošlješ depešu ili nećeš?
IVKOVIĆ: Neću!
JEVREM: E, onda... da znaš... nema ništa više... jest... nema ništa više... *(Ne sme da kaže.)*
IVKOVIĆ: Šta nema?
JEVREM: Pa to! Ne možemo više zajedno pod istim krovom i otkazujem ti kvartir. Eto ti! Sa dušmaninom svojim ne mogu pod jednim krovom!
IVKOVIĆ: Lepo, primam k znanju!

JEVREM: I da znaš i to: nisi mi više kirajdžija ni kod moje ćerke i... odatle da se iseliš.

IVKOVIĆ: Odatle da se iselim?

JEVREM: Odatle!... Nisi mi više zet, pa eto ti... I da se iseliš.

IVKOVIĆ: Čuo sam!

JEVREM: Još danas!

IVKOVIĆ: Iz srca tvoje kćeri mogu još danas, a iz kvartira kroz petnaest dana.

JEVREM: Ja energično kažem: još danas!

IVKOVIĆ: Danas je izbor!

JEVREM: Ako je tvoj izbor i moj je!

IVKOVIĆ: Tebi je lako gazda-Jevreme, ti se možeš i iseliti pošto nećeš biti izabran.

JEVREM: A ti ćeš biti izabran?

IVKOVIĆ: Ja se nadam!

JEVREM: Siguran poslanik! Piše depeše protiv svoga tasta. *(Baci mu zgužvane novine kroz vrata):* Na ovo pa da se zakitiš!

IVKOVIĆ *(baci mu zgužvane crvene plakate)*: A evo tebi! Čitaj ovo pa se ponosi!

JEVREM: I da mi više ne izlaziš na oči, nego da se seliš! To ti je moja poslednja reč. Eto ti! *(Gurne vrata, zaključa ih, strpa ključ u džep i šeta uzbuđeno i ljutito.)*

IVKOVIĆ *(seda za sto i piše).*

II

SPIRA, SPIRINICA, PREĐAŠNJI

SPIRINICA *(ulazi u Jevremovu polovinu sobe)*: Dobar dan, zete! A mi baš pošli na glasanje pa velimo da svratimo.

SPIRA *(za njom)*: Ama nismo pošli mi na glasanje, nego pošao ja...
SPIRINICA: Eno ga opet! E ovaj će me čovek i u grob oterati, a neće mi dati bar jednu reč da progovorim za života. Pa ne kažem ja...
SPIRA: Ama kako ne kažeš kad si kazala!
SPIRINICA: Nisam kazala, no velim samo, mi pošli...
SPIRA: E, pa to, to si kazala.
SPIRINICA: Ta pusti me, čoveče, da kažem; ne zapušavaj mi živoj usta!
JEVREM: O, gospode bože, dokle ćete vas dvoje? Pa zar ti još nisi glasao?
SPIRA: Nisam! Reko', imam vremena!
JEVREM: Pa da vidiš i nema. Sad će još malo pa da zatvore kapije.
SPIRA: Sad ću ja. Samo da se pozdravim sa Pavkom. *(Ženi)*: Kažem ja tebi da požurimo. *(Polazi u Pavkinu sobu.)*
SPIRINICA *(ode za njim)*: Ti meni kazao? A od jutros ti govorim...
SPIRA: Kazao sam ti: ajde brže, a ti?
SPIRINICA: Eto, sad će da ispadne da sam ja kriva... *(Oni ove poslednje rečenice govore za kulisama.)*

III

SRETA, PREĐAŠNJI

SRETA *(ulazi u Jevremovu polovinu sobe)*: Sto četrdeset i dva!
JEVREM: Pa platio sam malopre sto dvadeset.
SRETA: Kakvih sto dvadeset?
JEVREM: Pa račun, što su pili glasači.
SRETA: Ama ne govorim ti ja to, nego sto četrdeset i dva glasa imaš dosad.

JEVREM: A, je l' ima toliko? A biće još. Je l'?
SRETA: More bila bi cela varoš samo da ne beše one bruke.
JEVREM: Koje bruke?
SRETA: Pa onaj tvoj govor deputaciji. Oni sad silno agituju s tim. Šta ti bi, pobogu brate, da onako postaviš stvar na svoje mesto?
JEVREM: Šta mi bi?... Kazao sam ti... to nije moj govor, to je njegov.
JEDAN GRAĐANIN *(ulazi kod Ivkovića i daje mu jednu ceduljicu).*
IVKOVIĆ *(razmata ceduljicu, objašnjava se nešto sa tim građaninom, uzima zatim šešir i zajedno odlaze).*
SRETA: Pa otkud kod tebe?
JEVREM: Pa tako, izmešalo se. Znaš kako je u familiji, sve se izmeša.
SRETA: Ono jeste, gazda-Jevreme, posle svadbe i može da se izmeša, ali ne ide to da se izmeša još pre svadbe. Pa onda, izmešalo, izmešalo. Dobro, neka je i tako, ali, kad vide da je govor protiv vlade, što se ne ustavi nego zape pa do kraja?
JEVREM: Kako da ti kažem... Znaš, nekako mu lako ide kad grdiš vladu. Dođe ti onako kao od srca. Zato valjda i govore uvek lepo oni koji grde vladu. A deder ti, sinko, brani vladu, pa da vidiš kako je to teško da se lepo govori. A ovo, znaš, ja počeo, pa podufati me nešto i kao otvori mi se srce... Pa tako... a još građani počeše da viču: tako je! Pa me to još više odvuče.
SRETA: Od jutros se na sve strane lepe ove plakate, koliko da zamažemo malo stvar. Evo čitaj. *(Čita mu sam):* „Nevaljalstvo opozicione štampe prevršilo je meru. Podla je izmišljotina da je naš kandidat, gazda Jevrem Prokić, govorio protiv vlade. On stoji i sad čvrsto i nepokolebljivo uz vladu, a uz njega ceo narod. Današnji izbor će pokazati da klevete ne pomažu tamo gde je narodna svest budna."
JEVREM: E, to si mu lepo sastavio.

SRETA: A ovo? *(Vadi drugu hartiju.)*
JEVREM: Šta je to?
SRETA: Vidiš li potpis? „Mirabo". Znaš li ko je to Mirabo! To sam ja, a ovo je telegram koji sam napisao za beogradske listove da te i tamo operem od bruke. Na, pošlji ovo na telegraf. *(Daje mu):* Moram, brate, moram da postavim svaku stvar na svoje mesto, a ti ubuduće pazi se: čim ti na jezik naiđe reč „vlada", a ti odmah jezik za zube!

IV

MLADEN, PREĐAŠNJI

MLADEN *(dojuri usplahiren i razdere se)*: Gazda!
JEVREM *(trgne se, ispusti telegram te drekne i sam)*: Šta je, brate?
MLADEN: Jurio sam kao da me panduri vijaju.

V

PAVKA, SPIRA, SPIRINICA, PREĐAŠNJI

PAVKA *(za njom Spira i Spirinica)*: Šta je, zaboga?
SPIRA I SPIRINICA: Šta je?
JEVREM: Ta govori šta je, uzbuni celu kuću? *(Digne ispušteni telegram.)*
MLADEN: Pred opštinom puno sveta, pa se guraju, svađaju, viču...
JEVREM: Šta viču?
MLADEN: Tako viču!
JEVREM: Ama šta viču, pobogu brate, šta viču?
MLADEN: Svašta. Jedni viču: dole!... Drugi: gore! Jedni: ua! Drugi: živeo!

SRETA: Odoh ja da vidim šta je to.
JEVREM: Ajde, boga ti!
SRETA *(odlazi)*.

VI

PREĐAŠNJI, bez SRETE

JEVREM *(Mladenu)*: A viču i „živeo", je li? *(Pavki)*: Čuješ li, Pavka, to je narodno oduševljenje! Jesi li čula koj' put šta je to narodno oduševljenje?
PAVKA: Nisam!
JEVREM: E, eto, to je narodno oduševljenje kad gomila viče, a ne zna zašto viče.
MLADEN *(nastavlja)*: Viču ljudi, viču deca, viče narod, viču panduri, svi viču. U kafanama, na sokaku, po dućanima, svud se iskupio svet, puno naroda, pa neki viču a poneki i šapću u gomilicama.
JEVREM: Oni što šapću to je opozicija.
SPIRINICA: Ti će valjda za onoga glasati? *(Pokazuje na Ivkovićevu sobu.)*
SPIRA: Ti nemoj da se mešaš u politiku!
SPIRINICA: Eto ti sad opet, otkud je to politika?
SPIRA: Nego šta je?
SPIRINICA: Ovo su izbori!
MLADEN *(nastavlja)*: Pred kafanom kod „Ujedinjenja" svira muzika, toči se pivo, pije se...
JEVREM: Jesu li to naši što piju?
MLADEN: Naši.
JEVREM *(više sebi)*: Opet račun!

MLADEN: ...A u zemlju, pred kafanom, pobijen veliki barjak, pa čim prođe kraj kafane koji od njihovih a oni mu podvikuju: ua! I bacaju se za njim mezetom, krastavcima, jajima...

JEVREM *(više sebi)*: A kafedžija sve to beleži!

MLADEN *(nastavlja)*: A njini uzeli drugu muziku pa idu kroz varoš i pred Jelisijevim dućanom upalili bure od katrana, pa se iskupio svet i deca te preskaču vatru. U Tenkinoj kafani potukli se i razbili jednom glavu, ali taj nije ni naš ni njihov, nije čak ni ovdašnji. Aksentiju Matiću polupali prozore. Peru Zarića uhapsio gospodin Sekulić što je psovao vlast, Jašu Andrića istukli, ne zna se ko. Peru Mrvića jahali u gornjoj mahali. Kažu, nijedne godine nije bilo tako lepo kao ove.

JEVREM: Bože moj, što ti je to kad se narod razbudi!

PAVKA *(krsti se)*: Prava čuda, bogami! Bog nek nam je na pomoći!

SPIRA: Nisu to čuda, Pavka, nego to ti je narodni običaj.

SPIRINICA: Ta kakav običaj, to je oduševljenje!

SPIRA: Nemoj da se mešaš kad ja govorim.

SPIRINICA: Ama, čoveče božji, valjda i ja imam prava da zinem, ne mogu tek celog veka ćutati.

SPIRA: Znam, al' kad zineš a ti ne znaš da se zaustaviš.

JEVREM: Dosta, čekajte! Imamo mi, brate, i druga posla a ne vas da slušamo! *(Mladenu):* Na sad, da nosiš ovu depešu na telegraf!

MLADEN: E, pa ne mogu sad to.

JEVREM: Kako ne možeš?

MLADEN: Treba da glasam.

JEVREM: Pa jesi l' od jutros glasao?

MLADEN: Jes', al' od jutros sam glasao za gospođicu, a sad za tebe, gazda.

JEVREM *(zgranut)*: Kakvu gospođicu, marvo jedna?

MLADEN *(pokazuje na Ivkovićeva vrata)*: Pa... za onoga...

JEVREM *(hoće da ga šćepa za gušu)*: Za koga, bre?
MLADEN *(prestravljen)*: Pa za zeta!
JEVREM: Za zeta? A kako si, bre, smeo za njega da glasaš?
MLADEN: Pa... molila me gospođica...
SPIRINICA: Iju!
SPIRA: Ti da ćutiš!
SPIRINICA: Pa kazala sam samo: iju!
SPIRA: Nemoj ni „iju" da kažeš!
SPIRINICA: Pa ne mogu ja začepiti usta!
PAVKA: Eto, eto, Jevreme, šta si napravio!
JEVREM *(Mladenu)*: Ama, zar ti moj hleb jedeš, a za drugog da glasaš? Je li, bre?
MLADEN: Molim te, gazda, da mi oprostiš ako sam nešto pogrešio. Meni je gospodin Sekulić kazao da pre podne dođem i da glasam na moje ime, a posle podne, onako predveče, kad bude najveća navala, da dođem i da glasam kao Jova Stojić, rabadžija, pošto je on otišao sa espapom u Beograd, pa da mu ne propadne glas. Pa pošto sam imao dva glasa, gospođica me okupila pa kaže: jedan daj za oca a jedan za zeta...
JEVREM: Ama kog zeta, čijeg zeta? Nije on ničiji zet, more!
MLADEN: Pa ako može da se izbriše!
JEVREM: Šta da se izbriše?
MLADEN: Pa taj glas što sam od jutros glasao.
JEVREM: Možeš tvoj nos da izbrišeš! Ajde do đavola! Idi pa glasaj, da bar taj drugi glas ne propadne!
MLADEN *(odlazeći)*: Neće da propadne, kud bi propao! *(Ode.)*

VII

PREĐAŠNJI, bez MLADENA

JEVREM *(Pavki)*: Jesi li čula sad tvojim rođenim ušima?
PAVKA: Čula!
SPIRINICA: Iju, rođena ćerka pa da glasa protivu oca. To da sam pročitala u novinama pa ne bih verovala!
SPIRA: Eto, takve ste vi ženske, uvek volite za drugoga da glasate.
JEVREM: Zato sam ja, vidiš, i raskinuo.
SPIRINICA: Šta si raskinuo?
SPIRA: Ama ne prekidaj čoveka!
SPIRINICA: Ta pusti me da ga pitam.
SPIRA: Evo Pavke tu, pa neka ga ona pita!
PAVKA: Šta si raskinuo, Jevreme?
JEVREM: I kvartir i proševinu!
PAVKA: Kako raskinuo?
JEVREM: Tako. Kazao sam mu otvoreno: ti nemaš više nikakvih veza s mojim kvartirom, i otkazujem ti od danas pa za petnaest dana i moju ćerku.
PAVKA: Kako za petnaest dana?
JEVREM: Kvartir, a ćerku odmah!
PAVKA: Pobogu, čoveče!
JEVREM: Neka sad ide pa neka glasa za njega!
PAVKA: Jesi li dobro razmislio, Jevreme? Dućan nam propade, proševinu rasturi...
JEVREM: A poslanički mandat dobih!
PAVKA: A dete?
JEVREM: Koje dete? Je l' ono što podgovara glasače?
PAVKA: Plakaće, gruvaće se, čupaće kose...

JEVREM: Kaži joj povešćemo je u Beograd, i ovaj... šta znaš... ćerka narodnog poslanika... podnesem interpelaciju... ministar se uplaši...

SPIRINICA: I počne da se uvija oko tebe.

SPIRA: Ama ne prekidaj čoveka!

SPIRINICA: Ostavi me da kažem, zaboga!

SPIRA: Ne moraš ti da kažeš, neka kaže Jevrem!

JEVREM: Pa to sam hteo da kažem. Kao narodni poslanik imam pravo da dobijem neku koncesiju, recimo da sečem šumu ili da gradim novi železnički krak, ili tako nešto... A ja neću, recimo, koncesiju, a hoću zeta. Eto ti!

SPIRINICA: I onda, dabome, vlada ti nađe zeta.

SPIRA: Ama ne nađe vlada! Gde je vlada još tražila zetove narodnim poslanicima?

SPIRINICA: Pa ne nađe, nego onako... provodadžira.

PAVKA: Pa veliš, tako da joj kažem?

JEVREM: Tako, dabome! *(Uzima šešir i hoće da iziđe.)*

PAVKA: A kuda ćeš sad?

JEVREM: Vidiš da nema ko da mi odnese ovu depešu, moram sam. A i da prođem malo, da čujem i da vidim šta je napolju.

VIII

IVKOVIĆ, PREĐAŠNJI

IVKOVIĆ *(vraća se u svoju sobu, seda i nastavlja pisanje).*

PAVKA *(vadi iz džepa ključ od dućana)*: A zar ne bi mogao usput da obiđeš malo dućan?

JEVREM: Taman! Izbori, a ja da obilazim dućan!

PAVKA: Znaš da me je sramota od sveta što je zatvoren dućan.

JEVREM: Pa neka je zatvoren, svetac je!

PAVKA: Kakav svetac?
JEVREM: Pa izbori. Zar to nije svetac?
PAVKA: Nije!
JEVREM: Gle! Zar vama Paraskeva svetac, pa meni izbori da ne budu? Zar Paraskeva, što jedanput u godini pada, pa vi ne radite, a ovo mandat koji traje četiri godine? *(Ode.)*

IX

PREĐAŠNJI, bez JEVREMA

PAVKA: Ne znam kako ću Danici na oči, i kako ću joj kazati da joj je otac rasturio proševinu?
SPIRINICA: Pa velim, Pavka, ako nisi počem protivna, ja da joj kažem?
SPIRA: Eto, opet ti! Ama što moraš svud da se trpaš?
SPIRINICA: Ama nemoj da si takav, čoveče božji! Sestra sam joj, pa ko će joj pomoći ako ja neću?
PAVKA: Pa jest', to će najbolje biti. Reci joj ti, ja bome ne smem. Idi, eno je ona u svojoj sobi, a ja odoh u kujnu. *(Odlazi.)*

X

SPIRA, SPIRINICA

SPIRA: I sad da mi je da znam kako ćeš da joj kažeš?
SPIRINICA: Pa valjda toliko umem.
SPIRA: Ne umeš, ti ćeš da zbrkaš, moram i ja poći s tobom da ti pomognem.
SPIRINICA: Taman, ako ti pođeš onda joj nećemo ništa kazati.
SPIRA: Molim te, ženo, valjda toliko umem...

SPIRINICA: Pusti ti samo mene, a ti ćuti, jer kad ti počneš... *(Zalaze iza kulisa prepirući se.)*

XI

JOVICA, IVKOVIĆ

JOVICA *(ulazi kod Ivkovića)*: Dobro veče!
IVKOVIĆ: Dobro veče, gazda-Jovice!
JOVICA: Ne znam kako si ti čuo, ali meni Sima poreznik veli da smo ih premašili sa dvadeset glasova.
IVKOVIĆ: Šta je to dvadeset glasova, to se časom može da izmeni! Pa gde su ti tvoji ljudi, gazda-Jovice? Ti reče, kad si davao izjavu, da stotinu vučeš za sobom?
JOVICA: Znaš kako je, gospodine Ivkoviću, ne možeš danas ni rođenom bratu verovati. Obeća pa vrdne. Kad si s njim u četiri oka, on ovolika usta na vlast, a kada se sa vlastima pogleda u oči, on ne ume ni da zine.
IVKOVIĆ: Ama sve ja to znam, ali sam računao mnogo više na tebe. Tebe je, je li, inat odveo u našu partiju?
JOVICA: Jeste, to priznajem. Da me sad ko zapita: bi li se poturčio kad bi znao da Jevrem Prokić neće biti poslanik, i to bih pristao.
IVKOVIĆ: E, pa nije potrebno da se poturčiš, dovoljno je da potrčiš. Sad je vidiš poslednji čas. *(Gleda na sat):* Još malo pa će se zatvoriti kapije na opštini, i onda niko nov ne može ući. Ono što se zateklo u dvorištu glasaće. Sad, vidiš, treba ubaciti što više glasača u opštinsko dvorište. *(Čuje se muzika.)*
JOVICA: Pa radim ja, misliš da ne radim. Eno, čuješ li, to sam ja platio muziku da ide u gornju mahalu te da otud potera svet.

DANICA *(kad čuje muziku, istrči iz svoje sobe i ode na prozor pa se nasloni i gleda napolje).*
IVKOVIĆ: Ne pomaže tu muzika, već razborita reč. Pođi samo tamo među birače; ohrabri ih; reci im da je vlast samo toliko jaka koliko se mi bojimo; reci im da je vlast nemoćna da građanima uskrati prava koja im zakoni daju; reci im... Ta već znaš valjda toliko.
JOVICA *(polazeći)*: Znam. Ne brini. Teško je meni bilo govoriti dok sam uz vladu, a sad — ne brini, umeću ja.
IVKOVIĆ *(ispraćajući ga)*: E, pa hajde, ne gubi vremena. Nemamo kad više, poslednji je trenutak. Ako sad malaksamo, ispustićemo pobedu. *(Ispraća ga i Jovica odlazi.)*

XII
SPIRA, SPIRINICA, PREĐAŠNJI

SPIRINICA *(ulazi, za njom Spira i Danica)*: Gde si, dete, zaboga; tražimo te po celoj kući...
SPIRA: Imamo važan razgovor s tobom.
SPIRINICA *(Spiri)*: Ama ostavi me da govorim kad sam već počela!
SPIRA: Vidiš li sama da ne umeš, ti ćeš odmah s neba pa u rebra.
SPIRINICA: O, gospode bože, da čudne napasti! Ama sačekaj da kažem prvo...
SPIRA: Pa jest, al' kad rđavo počneš.
SPIRINICA: Ama nisam još ni počela.
DANICA: Pa govorite već jedanput, šta je to što imate da mi kažete?
SPIRINICA: Pa to, Jevrem će, kao poslanik i tebe da vodi u Beograd, pa će tamo da podnese interpelaciju, i onda će da dobije od države koncesiju za zeta.

SPIRA: Ama nije tako!
SPIRINICA: E, pa ajd', kaži ti!
SPIRA: Neće dobiti koncesiju za zeta, nego će podneti interpelaciju, a ministar će onda početi lepim oko njega... a on...
SPIRINICA: Pa to je isto?
SPIRA: Nije sasvim isto.
SPIRINICA: Pa nije, ali je glavno da će se Danica tamo u Beogradu mnogo bolje isprositi i udati.
DANICA: Ama ko je to sve vama nakazivao?
SPIRINICA: Pa Pavka.
SPIRA: Ta nije Pavka nego Jevrem.
SPIRINICA: Pa Jevrem, jest; al' Pavka nam je kazala da kažemo Danici.
DANICA: A zašto da mi kažete?
SPIRA: Pa zato da se okaneš ovoga.
DANICA: Koga ovoga?
SPIRA: Pa ovoga što ti je do sada bio verenik.
DANICA *(iznenađeno)*: Kako dosad?
SPIRINICA: Pa dosad dabome, jer sad više nije.
SPIRA: Ta reci jasno: nije više, jer je Jevrem sve prekinuo.
SPIRINICA: Pa to sam i htela da kažem.
SPIRA: Htela si, al' nisi kazala.
DANICA: Čekajte, molim vas! Govorite jasno: s kim prekinuo? Šta prekinuo?
SPIRINICA *(pokazuje rukom na Ivkovićevu sobu)*: S ovim tvojim!
SPIRA: Sa gospodinom Ivkovićem!
DANICA *(prestravljeno)*: Kako prekinuo?
SPIRA: Tako, otkazao mu kvartir.
SPIRINICA: I to odmah!
SPIRA: I otkazao mu prosidbu.
SPIRINICA: Za petnaest dana.

SPIRA: Ta nije tako.
SPIRINICA: Tako je.
SPIRA: Otkazao mu je prosidbu za petnaest dana.
SPIRINICA: Ta nije, čoveče, nego odmah.
SPIRA: A kvartir za petnaest dana. Eto, tako treba reći!
SPIRINICA: Pa tako sam i rekla.
DANICA: Ta ostav'te se, zaboga, vaših objašnjenja. Kažite mi jasno i razgovetno: šta je to bilo, kad je bilo, i povodom čega? Uostalom, recite mi gde je otac?
SPIRA: Otišao je poslom u varoš.
DANICA: A majka?
SPIRINICA: I ona je u poslu.
DANICA: U poslu su? Dobro, neću ih ni tražiti i ne trebaju mi. Samo, molim vas, recite im, i ocu i majci, da ja neću dozvoliti da se tako igraju sa mnom i da mi se svet smeje.
SPIRINICA: Eh, šta ima da ti se smeje svet kad se udaš u Beogradu?
DANICA: Ne tražim ja da se udam u Beogradu, niti da idem u Beograd. I ako idem, ići ću sa svojim mužem.
SPIRINICA: Al' drugo je to...
SPIRA *(prekine je)*: Drugo je, dabome, kad ti je otac poslanik.
DANICA: Jes' poslanik, al' prvo treba da bude izabran.
SPIRINICA: Pa biće!
SPIRA: Svi glasaju za njega.
DANICA: Ko to kaže? A ja vam kažem da on neće biti izabran nego Ivković!
SPIRINICA: Boga ti?
SPIRA: Ćuti ti! A... ovaj, ko to tebi kaže?
DANICA: Ja što vam kažem — pa ćete videti. Prvo i prvo, Ilić, bivši poslanik, nije glasao, i sa njim preko četrdeset njih. Pa onda i onaj gazda Jovica povukao je sa sobom oko trideset i četrdeset, pa

onda mnogi su oca prevarili, pa onda... Ja ne pamtim sve, al' znam da otac neće biti izabran.

SPIRINICA: Iju, pa onda?

SPIRA: Ama ćuti ti! Pa dobro, šta će onda biti?

DANICA: Biće eto to: on neće biti poslanik, a sa Ivkovićem raskinuo, i kome će se onda smejati svet nego meni. Mesto da ste pametni pa svi u kući da pomognemo Ivkoviću.

SPIRINICA: Eto, kažem ja!

SPIRA: Šta kažeš ti, nisi kazala ništa.

SPIRINICA: Ju, otkud nisam?

SPIRA: Pa nisi, dabome!

SPIRINICA: E, ovaj će me prosto u grob oterati!

DANICA: Eto, na primer, jeste li glasali vi, teča-Spiro?

SPIRINICA: Nije!

SPIRA: Al' ostavi me, zaboga, da ja odgovorim. Nisam još glasao.

DANICA: E, pa, eto vi, na primer, mogli bi glasati za Ivkovića?

SPIRA: Ama zar protiv Jevrema?

SPIRINICA: Ju, crna devojko, šta govoriš?

DANICA: Ja vrlo pametno govorim. Kad bi otac imao izgleda da bude izabran, onda, ne kažem; i sama bih vam kazala: glasajte za oca! Al' ovako: zašto da se zamerite Ivkoviću?

SPIRINICA: Pa jeste...

SPIRA: Jeste, ne...

DANICA: Osim, ako vi ne želite da budete predsednik opštine?

SPIRA: Ama želim, kako da ne želim.

SPIRINICA: A baš da on nešto i ne želi, želim ja.

DANICA: E, pa, eto, razmislite, vremena mnogo nema.

SPIRINICA: A ne znam šta se i napeo taj Jevrem da bude poslanik, što će mu to!

SPIRA: Ja sam mu govorio da nije to za njega.

DANICA: Dakle, šta mislite?

SPIRA: O čemu?
DANICA: Pa o glasanju?
SPIRA: Ta, pravo da ti kažem, i sâm sam tako nešto mislio.
SPIRINICA: Jest, tako smo i mi mislili.
SPIRA: Ama ne prekidaj, pobogu ženo, da kažem šta sam hteo!
SPIRINICA: Ajd', baš govori!
SPIRA: Rekoh, bolje da počekam do predveče, pa ako Jevrem ima dosta glasova, da glasam za njega, a ako zet ima više glasova, onda da glasam za njega.
SPIRINICA: A ja kao da sam predosećala nešto, pa kažem Spiri: čekaj, ne žuri, ne moraš ti baš prvi glasati!
SPIRA: Ama nisi mi ti kazala nego ja sam vrdaram od jutros.
SPIRINICA: Eto ti sad, kako da ti nisam kazala?
SPIRA: Naprotiv, ja sam tebi kazao...
SPIRINICA: Iju, sad će još ispasti da je on meni kazao...
SATIRA: Pa zar ne pamtiš jutros, kad sam ti rekao...
SPIRINICA: Uostalom, tako mi uvek radimo kad je kakvo glasanje. Čekamo do predveče, pa ko ima više glasova...
DANICA: Ali, zaboga, nemojte oklevati! Ako ćete glasati, idite odmah, inače će biti dockan.
SPIRINICA: Kažem ja tebi da će biti dockan...
SPIRA: Šta imaš ti da mi kažeš, kao da ja...
DANICA: Ali...
SPIRA: Evo idem... *(Pođe, dođe do vrata i vrati se)*: A to je, je li, izvesno da će Ivković dobiti većinu?
DANICA: Mogu ako hoćete i napismeno da vam dam.
SPIRA: Znaš, ja mislim...
SPIRINICA: Nemoj ništa da misliš, nego idi pa glasaj!
SPIRA *(polazeći)*: A već ti da ne kažeš poslednju, presvisla bi... *(Ode.)*

DANICA *(Spirinici)*: A ti, tetka, idi pa nađi majku. Reci joj da si mi sve kazala, a da sam ja odgovorila: što je otac uradio ne važi ništa za mene. Ja ostajem i dalje verenica gospodina Ivkovića.

SPIRINICA: Ama, je l' tako da joj kažem?

DANICA: Tako, od reči do reči!

SPIRINICA: Dobro... *(Ode.)*

XIII

DANICA, IVKOVIĆ

DANICA *(kuca na Ivkovićeva vrata).*

IVKOVIĆ *(skoči i odlazi vratima)*: Šta je to sad opet? Ko je?

DANICA: Ja sam!

IVKOVIĆ: Vi?

DANICA: Moram da govorim s vama.

IVKOVIĆ: Izvol'te, sâm sam.

DANICA: Danas je velika navala sveta u kući, ne bih želela da me ko zateče kod vas, govorićemo ovako, kroz vrata.

IVKOVIĆ: Čuli ste, valjda, kako je vaš otac postupio sa mnom?

DANICA: Čula sam, al' se to mene ništa ne tiče.

IVKOVIĆ: Zbilja? Pa ipak... roditelji?

DANICA: Kad oni imaju prava da pripadaju vladi, imam i ja prava da pripadam opoziciji.

IVKOVIĆ: Ali vaš položaj mora biti vrlo neprijatan?

DANICA: Dosad je bio, al' sad više ne!

IVKOVIĆ: Kako to?

DANICA: Stupila sam u otvorenu borbu protivu oca.

IVKOVIĆ: Vi?

DANICA: Već sam vam dva glasa pribavila, i sad radim na tome da stvorim opozicionu partiju u samoj kući.

IVKOVIĆ: To je odista mnogo od vas. Ja ne bih nikako želeo da izgleda kao da vas ja podgovaram.
DANICA: Ah, to ne!
IVKOVIĆ: Al' ako bi vaš otac bio izabran, vaš bi se položaj pogoršao.
DANICA: A kako stoji?
IVKOVIĆ: Ja pouzdano verujem da sam pobedio, ali — policija je počinila masu nepravilnosti, a u takvim prilikama iznenađenja nisu isključena.
DANICA: I za taj slučaj ja imam plan. Kad sam se već upustila u borbu, ići ću do kraja. Boriću se kao pravi opozicionar.
IVKOVIĆ: To je vrlo muški od vas... Ali...
DANICA: Hoću da posvedočim da sam vas dostojna.
IVKOVIĆ: Al' ne mislite valjda i posle, u braku, da ostanete tako odlučan opozicionar?
DANICA: E, to će zavisiti od vlade!
IVKOVIĆ: Recite mi svoj plan.
DANICA: Ima li otac prilike da drži još kakav govor u slučaju da bude izabran?
IVKOVIĆ: Pa... imao bi.
DANICA: Kad... gde?
IVKOVIĆ: Pa... znate već običaj kod nas: izabranome poslaniku dođe narod s muzikom pred kuću da ga pozdravi.
DANICA: A on odgovara s prozora. Jest, jest, to znam!
IVKOVIĆ: Pa?
DANICA: Neka otac s prozora vikne: „Dole vlada!"
IVKOVIĆ: Ne razumem kako?
DANICA: Jeste li već spremili govor za tu priliku?
IVKOVIĆ: Opet moj govor?
DANICA: Pa da, opozicioni!
IVKOVIĆ: Čujete, to je grubo od vas, to je čak nemilosrdno...

DANICA: Kad oni prema vama mogu biti grubi i nemilosrdni...
IVKOVIĆ: Ja ne želim da vi tako daleko idete.
DANICA: Dajem vam reč da ću to grubo sredstvo upotrebiti samo u slučaju ako otac ostane pri onome što vam je rekao. Recite mi, dakle, jeste li spremili govor?
IVKOVIĆ: Ta imam nešto ovde na stolu... početak.
DANICA: Hoćete li skoro od kuće?
IVKOVIĆ: Ovoga časa.
DANICA: Ući ću u vašu sobu i prepisaću vaš govor; ostavite ga na stolu.
IVKOVIĆ: Ja ne bih bio rad da budem vaš saučesnik u toj stvari.
DANICA: Ali ne brinite kad vam kažem — neću ja stvar zloupotrebiti.
IVKOVIĆ: Dozvoliću vam samo stoga što znam izvesno da vaš otac neće biti izabran za poslanika, pa neće ni imati prilike da govori. Pa ipak zato, sešću odmah i ublažiću govor koliko god mi je to moguće.
DANICA: Dobro, pristajem!
IVKOVIĆ *(seda za sto i popravlja govor)*.

XIV

PAVKA, SPIRINICA, PREĐAŠNJI

SPIRINICA *(pokazujući Danicu)*: Evo je pa nek ti sama kaže!
DANICA: Nemam šta drugo da vam kažem do da sve to za mene ništa ne vredi!
PAVKA: Koje ne vredi?
DANICA: To što je otac otkazao. Ako je otac prekinuo, nisam ja, i to sam maločas kazala Ivkoviću.
PAVKA: Govorila si s njim?

DANICA: Sad malopre, kroz ključaonicu.
PAVKA: Crna devojko, imaš li ti boga?
DANICA: Zašto? Kakvo sam zlo učinila?
PAVKA: Zar pred očima materinim i očevim govoriš kroz ključaonicu sa tuđim čovekom, pa se to još ne stidiš sama da kažeš!
DANICA: Ja nisam govorila sa tuđim čovekom, govorila sam sa svojim verenikom.
PAVKA *(Spirinici)*: Čuješ li je, molim te?
SPIRINICA: A što? Ako ćeš po čem, dete ima pravo.
PAVKA *(preneraženo)*: Iju! Pomeri se, sestro!
SPIRINICA: Nije nego, zato što Jevrem hoće da bude poslanik, da dete propusti svoju sreću!
DANICA: Dabome, kad ni otac ni majka ne misle o tome kako će cela stvar izgledati ako otac ne bude izabran za poslanika.
PAVKA: Kako da ne bude izabran?
DANICA: Tako, jer neće biti izabran.
SPIRINICA: I Spira je otišao da glasa protiv njega.
PAVKA: Šta kažeš? Iju, šta je vama pobogu! Okrete se svet tumbe!
DANICA: A kako će stvar izgledati kad ne bude otac izabran, možeš i sama zamisliti. Potrošio tolike pare, zavadio se s tolikim ljudima, izgrdili ga, izrezili ga preko novina, dućan mu zatvoren, a i poharali ga, i, preko svega još, oterao zeta, i to zeta narodnog poslanika, eto ti!
PAVKA: Ama, može li to biti?
DANICA: Tako će biti veruj! I ti, mesto kao pametna žena i kao majka da pristaneš sa mnom pa da spasavamo oca od sramote, a ti se sama uhvatila u kolo.
SPIRINICA: I šta se napeo taj Jevrem da bude poslanik?
PAVKA: Ama, zar može to biti da ne bude izabran?
DANICA: Neće biti, ja što ti kažem! I mesto da se ti bar, majko, za vremena trgneš...

SPIRINICA: Pa jeste... eto, kako se trgao Spira!
PAVKA: A šta ti pomaže da se ja trgnem, kad je Jevrem već raskinuo veridbu i otkazao čoveku, i...
DANICA: O, pomaže to meni mnogo kad znam da si i ti, i tetka i teča, da ste svi sa mnom, onda ja smem...

XV

JEVREM, PREĐAŠNJI

JEVREM: Dakle, zatvoriše kapije, Pavka, zatvoriše kapije!
PAVKA: Neka zatvore! Kad su zatvorili dućan, neka zatvore i kapije.
SPIRINICA: A ko će pobediti, Jevreme, ti ili naš zet?
JEVREM: Koji naš zet?
PAVKA: Pa naš zet. Šta se buniš?
DANICA: Moj zaručnik.
JEVREM *(plane)*: Jesi li čula: on niti je više tvoj zaručnik, niti je naš zaručnik, niti je uopšte zaručnik. On je protivnik moj i protivnik vladin, i on ne može uzeti vladinu kćer za ženu, pa to ti je! Neću više ni da mi ga pominješ, razumeš li? Moli boga što je već zatvorena kapija pa mi je tamo pamet. *(Pavki i Spirinici)*: Vodite je, vodite je odavde.
PAVKA I SPIRINICA: Ajdemo. *(Odlaze sve tri.)*
IVKOVIĆ *(pošto je završio ispravku u govoru odlazi).*

XVI

JEDAN GRAĐANIN, PREĐAŠNJI

GRAĐANIN: Dobar dan, gazda-Jevreme!
JEVREM: Dobar dan!

GRAĐANIN: Imate li novosti?
JEVREM: Pa prebraja se, u ime božje.
GRAĐANIN: Ja čuh, gazda-Jevreme, 272; Ivković, kažu, 214, a socijaliste 26.
DANICA *(ulazi polako u Ivkovićevu sobu, seda za sto i prepisuje govor).*
JEVREM: E, a od koga si čuo?
GRAĐANIN: Od Sime poreznika. Čuh, pa rekoh, ajde da svratim te da te obradujem. Mi, u ime božje već pijemo na tvoj račun.
JEVREM: Ko pije?
GRAĐANIN: Građanstvo.
JEVREM: Au! Ama zar celo građanstvo?
GRAĐANIN: E, odoh ja! Pa ako što pouzdanije saznam, evo me opet!
JEVREM: E, ajde, ajde!
GRAĐANIN *(ode).*

XVII

SPIRA, JEVREM

SPIRA: Jedva, jedva svršismo!
JEVREM: Šta je?
SPIRA: Prebrojasmo.
JEVREM: Pa?
SPIRA: Ne zna se, ništa se ne zna.
JEVREM: Pa kako to: prebrojasmo, a ništa se ne zna?
SPIRA: Ne možeš da mu uhvatiš kraj. Jedni vele ti si izabran; drugi vele nisi ti nego Ivković.
JEVREM: Ama kako to jedni vele ovo a drugi ono!
SPIRA: Eto tako. Ne možeš da mu uhvatiš kraj, pa to ti je!

JEVREM: Pobogu, ljudi, zar niko ništa ne zna? Ama, zar može to da bude da niko ništa ne zna? Zar predsednik nije objavio kroz prozor, kao pre?

SPIRA: Nije!

JEVREM: Kako bi bilo, Spiro brate, kad bi trknuo donde da vidiš u čemu je stvar?

SPIRA: Pa je l' sad idem otud?

XVIII

MLADEN, PREĐAŠNJI

MLADEN *(uleti zaduvan)*: Gazda! Eno od opštine krenuo silan narod. Napred muzika, upalili fenjere i viču, grdno viču.

JEVREM *(prestravljeno)*: Šta viču?

DANICA *(završila je prepis i odlazi iz sobe Ivkovićeve)*.

MLADEN: Viču živeo narodni poslanik, dole, gore! I... ne znam šta još viču.

JEVREM *(Spiri)*: Ama, pa oni će sad ovde pod prozor, je li? Doći će da me pozdrave, a ja treba da im odgovorim! Je li, Spiro?

SPIRA: Pa jest, takav je običaj...

JEVREM: Dabome da treba da odgovorim... Pa gde su sad onaj Sekulić, pa onaj Sreta? Nikoga nema sad kad mi najviše trebaju. A ti *(izdera se na Mladena)*: bar da umeš čestito da mi kažeš. Što ćutiš, brate? Što ne govoriš: idu li, ko ide, je l' odavno idu, je l' ovamo idu? A i ti, Spiro, što si se kog đavola smrznuo? Trči, brate, po kući kao da je tvoja kuća. Zovite Pavku, Danicu. Zovite ih neka upale sveće na prozore! *(Odjuri i Spira i Mladen)*: I otkud sad da mi padne najedanput na pamet govor? Nisam ja državni aparat, pa da mi tako najedanput makar šta padne na pamet!

XIX

JEVREM, PAVKA

PAVKA *(nosi dve milikerc-sveće)*: Kakve sveće, boga ti, tražiš?
JEVREM: Limunacija, raketle, milikerc-sveće, muzika, narod. Razumeš li?
PAVKA: Pa je l' da upalim sveće na prozore?
JEVREM: Ama kakve sveće! Ostavi to, molim te! Pavka, znaš li ti šta je to narodni poslanik?
PAVKA: Znam!
JEVREM: E, ako znaš, eto, pogledaj me: ja sam narodni poslanik!
PAVKA: Je l' svršeno?
JEVREM: Svršeno!
PAVKA *(ushićeno)*: Jevreme!
JEVREM: A, „Jevreme" sad, a juče mal' mi nisi razbila glavu ključem od dućana.
PAVKA: Jevreme, oprosti!
JEVREM: Pogledaj mi u oči, hoću da vidim jesu l' ti naišle suze na oči?
PAVKA: Jesu!

XX

DANICA, SPIRA, SPIRINICA, PREĐAŠNJI

DANICA: Je l' istina što mi kaže teča?
JEVREM: Jeste, vi ste propali!
DANICA: Ko je propao?
JEVREM: Vi, opozicija!
DANICA: A ko je izabran?
PAVKA: Mi smo izabrani.

JEVREM: I sad će doći narod, evo već ide narod... *(Najedanput mu padne na pamet i lupi se po čelu):* Narod, govor! Eto, ćaskam sa vama pa zaboravio na govor! Ama ćutite kad vam kažem... ćutite, razumete li... *(Šeta uzbuđeno i smišlja govor.)*
SPIRINICA *(Spiri nasamo)*: Jesi li glasao?
SPIRA: Jesam!
SPIRINICA: Za koga?
SPIRA: Pa za zeta, ali ćuti da ne čuje, jer vidiš kako je ispalo.
SPIRINICA: Pa dabome, kad si ti odmah potrčao da glasaš! Kažem ti: Spiro, počekaj da vidimo. Aja, hoće čovek da glasa!
SPIRA: Eto ti sad, pa jesi li me ti terala na glasanje?
SPIRINICA: Pa jest, al' ti si mogao da otežeš, nego...
JEVREM: Ama, ćutite kad vam kažem! Eto, sad mi je ispalo iz pameti i ono što sam smislio. Prosto mi ispalo, pa to ti je.
DANICA: Znaš šta, otac?
JEVREM: Ćuti kad ti kažem!
DANICA: Evo pokušala sam ja da napišem jedan govor.
JEVREM: Ti?
DANICA: Evo, pročitaj ako ne veruješ.
JEVREM *(sumnjivo)*: A da nije nešto on to podmetnuo, pa opet: dole vlada!?
DANICA: Pročitaj slobodno, pa ako ne valja...
JEVREM *(čita glasno)*: „Draga braćo! Poverenje iskazano mi danas jasan je izraz vaše težnje da u narodnome predstavništvu budu iskreno zastupljene vaše rodoljubive želje za dobro i napredak naše otadžbine. Primajući iz vaših ruku i iz vaših duša to poverenje, ja polazim u Beograd sa čvrstom odlukom da te vaše težnje iskreno, istrajno i odlučno zastupam!..." *(Vrlo zadovoljan dosadanjom sadržinom, prekinuo je čitanje i pogledao zadovoljno u Danicu):* Moja krv, poslanička krv!... *(Čita dalje):* „Na ovome svetome mestu, koje ću ja kao vaš predstavnik zauzeti..." *(Prekine, uzme Danicu za ruku i*

poljubi je u čelo): Bio sam ljut na tebe, ali sad ti praštam. Danas ti praštam.

XXI
MLADEN, PREĐAŠNJI

MLADEN *(uleti kao besomučan)*: Gazda, evo ih već na ćošku! *(Izdaleka se čuje muzika.)*
JEVREM: Ćut! ćut! Što se dereš, brate! Ko te je postavio da mi se tu dereš!... Pavka... Danice... Spiro... svi... svi... 'odite bliže... evo idu! *(Čita):* Draga braćo! Poverenje iskazano mi... *(Svojima):* Nemojte da me ostavljate samog, ovamo, 'odite ovamo, bliže!

XXII
IVKOVIĆ, JOVICA, DVA GRAĐANINA i PREĐAŠNJI

IVKOVIĆ *(ulazi u svoju sobu sa Jovicom i još dva građanina, i vrlo živo razgovaraju).*
MLADEN *(seti se)*: A jes', a ja zaboravio, evo i ovo. *(Daje mu listić.)*
JEVREM *(uzima i zagleda)*: Šta je ovo? *(Spiri):* Pa je l' ti kažeš 271 glas?
SPIRA: Tako sam čuo? Ko ti to javlja?
JEVREM *(Mladenu)*: Ko je ovo poslao?
MLADEN: Cena, kafedžija.
SPIRA *(uzeo je pismo iz ruku Jevremovih i gleda)*: Pa ovo nije glasova. Ovo je 113 dinara račun.
JEVREM *(uzima račun natrag)*: Kakav račun?
MLADEN: Pa za piće i muziku.

JEVREM: Ama kakvo piće. Ostavite se sad pića! O, ljudi božji, spasite me tog pića! *(Zbuni se):* Eto, sad ne znam ni gde mi je govor?
DANICA: Eto ti ga u ruci!
JEVREM: Jes', bogami! *(On u jednoj ruci drži govor a u drugoj račun. Zbuni se, čas počne da čita račun, čas govor, pa ih menja iz ruke u ruku. Najzad se naljuti, zgužva račun i baci ga, pa počne čitati govor):* „Poverenje iskazano mi danas jasan je izraz vaše težnje..." Pavka, je l' to muzika svira? „Težnje da u narodnome predstavništvu budu iskreno zastupljene..." I sad našao da mi donese račun?... Sviraju li?... Pa oni su već stigli? *(Muzika pod samim prozorom. Spolja velika vika. On prilazi prozoru, brišući se od znoja.)*
IVKOVIĆ *(prilazi svome prozoru).*
NAROD *(spolja)*: Živeo! *(Zatim se čuje pojedinačno):* Pst! Mir! Čujmo! Čujmo! Čujmo!
GOVORNIK *(spolja)*: Dragi brate i izabraniče narodni! Ti čuješ oduševljene usklike naroda, a poraz nasilja i nepravde. Poverenje koje smo ti mi, tvoji birači, danas ovako sjajno manifestovali, opravdaćeš jedino radom tvojim u Skupštini, radom koji na prvom mestu treba da posvedoči tvoju i našu ljubav prema otadžbini! Živeo! Živeo!
NAROD: Živeo! Živeo! Živeo! *(Muzika svira jedan kraći marš.)*
JEVREM I IVKOVIĆ *(za vreme muzike, svaki na svom prozoru, klanja se napolje; spolja raznoliki i zbog muzike nerazumljivi uzvici; kad muzika prestane, počnu obojica jednovremeno, samo što Ivković govori napamet a Jevrem čita)*: Draga braćo! Poverenje iskazano mi danas, jasan je izraz vaše tež...
NAROD: Dole! Ua! Ua! Ua! *(Na pozornicu lete krompiri, glavice kupusa, jaja, kojima Jevrema narod gađa.)*
IVKOVIĆ *(trgne se s prozora i živo se objašnjava sa onima u njegovoj sobi).*

JEVREM *(pokušava sâm da nastavi)*: „...vaše težnje da u narodnome predstavništvu..." *(Gužva kaput, hartiju i sve što mu dođe pod ruku.)*
NAROD: Ua! Ua-a-a-a! Dole! Dole Prokić! Živeo narodni poslanik Ivković! Živeo Ivković!
DANICA *(žaleći oca, hoće da ga odvuče od prozora)*: Otac!
JEVREM *(gurne je pa bi ipak hteo da nastavi govor)*: Ovaj... vaše težnje...
NAROD: Dole! Dole Prokić! Tuš! Tuš! *(Muzika svira, užasan džumbus, bubanj bije besomučno i diže se paklena dreka.)*
DANICA *(uspela sa Pavkom da Jevrema odvuku od prozora i nešto mu objašnjavaju čemu se on opire)*.
IVKOVIĆ *(za to vreme prišao prozoru)*.
NAROD: Živeo Ivković! Živeo!
JEVREM *(svojima)*: Ama šta je ovo, pobogu, ljudi? Eno hoće onaj da mi otme, hoće na silu da mi otme.
IVKOVIĆ *(govori)*: Draga braćo! Poverenje iskazano mi danas jasan je izraz vaše težnje da u narodnome predstavništvu budu iskreno zastupljene vaše rodoljubive želje za dobro i napredak naše otadžbine...
JEVREM: Gle! Gle! *(Čuje govor i čisto ne veruje. Razvija svoju hartiju i prati Ivkovićev govor.)*
IVKOVIĆ: ...Primajući iz vaših ruku i iz vaših duša to poverenje, ja polazim u Beograd sa čvrstom odlukom da te vaše težnje iskreno i odlučno zastupam na ovome... *(Traži reč):* Na ovome...
JEVREM *(drekne)*: ...svetome mestu...
IVKOVIĆ: ...svetome mestu, koje ću ja kao vaš predstavnik zauzeti. Staraću se da se savesnim radom odužim vašem poverenju. Hvala vam, braćo!
NAROD: Živeo! Živeo! *(Muzika svira jedan marš sve do kraja scene.)*

JEVREM *(dočepa se za kosu)*: Pa ovaj ukrao moj govor!... *(Odjuri Ivkovićevim vratima, otključa ih i uleti u njegovu sobu)*: Gospodine... gospodine... *(Klone)*: ...Ništa... hteo sam... upravo... dakle... ti si izabran za narodnog poslanika?

IVKOVIĆ: Ja, gazda-Jevreme.

JEVREM *(vraća se u svoju sobu, a Ivković ulazi za njim)*: Ama je l' to istina, ljudi? Je l' to istina, Spiro?

IVKOVIĆ: Cela je istina, gazda-Jevreme.

JEVREM: Zar tolike muke?

SPIRINICA: I bruke!

PAVKA: Pa dućan!

JEVREM: Pa troškovi... *(Ivkoviću)*: Bar kad bi hteo da priznaš polovinu troškova, kad si mi oteo mandat?

IVKOVIĆ: Ne mogu, jer sad imam troškova oko seobe iz vašeg stana...

JEVREM: A ti hoćeš da se seliš, a?... *(Prilazi Ivkoviću)*: Lepo si govorio, mora ti se priznati da si lepo govorio. *(Uzme ga poverljivo)*: Razbojniče opozicionarski, dobro si mi se osvetio; pre ja tebi ukrao govor, a sad ti meni...

IVKOVIĆ *(smeje se)*: Da, da!

JEVREM: Što ti je, bože moj, sudbina! Neću ići u Skupštinu kao poslanik al' ću ići kao skupštinski tast. *(Ivkoviću)*: Ja ću pisati govore!...

PAVKA: A dućan, Jevreme? Zar i sad nećeš da se setiš dućana?

JEVREM: Dućana?... I to je istina... *(Posle izvesne borbe)*: Daj mi ključ, Pavka!

NAROD: Živeo! Živeo!

IVKOVIĆ *(pojavljuje se na prozoru, i narod kliče, a muzika mnogo burnije svira. Danica kraj njega. Spira i Spirinica nešto se prepiru što se ne čuje od muzike i larme, a Jevrem, držeći u jednoj ruci ključ a u drugoj govor, stao uzbuđen i plače)*.

SUMNJIVO LICE

— komedija u dva čina —

Predgovor autora

Komad *Sumnjivo lice* pisan je pre četrdeset i više godina, i nosi na sebi pun otisak onih uticaja koji su tih godina preovlađivali, i pod kojima se u našoj književnosti izvršio proces preobražaja romantizma u realizam. Od ruskih pisaca, koji su tada bili najpopularniji, Černiševskog, Turgenjeva i Gogolja — prvi je bio omiljeni pisac novih ljudi, sledbenika Svetozara Markovića; Turgenjev je postao ljubimac književno inteligentne publike koja se do tada zadovoljavala Vladanovom *Kočinom krajinom*, Zmajevom *Vidosavom Brankovićevom* i Đurinim *Srpskim čobančetom*, a Gogolj je bio pisac cele dotadanje omladine, koja se njime oduševljavala sa njegove oštre satire, naročito one koja se odnosila na rusku birokratiju. U Gogoljevim tipovima omladina je videla onu našu birokratiju koja je zaostala iz prvih dana građenja države i koja je, doduše, već tada izumirala, ali još uvek beležila jasne tragove u našem javnom životu. Milovan Glišić, najneposredniji učenik Gogolja i najizrazitiji predstavnik realističkog pravca, bio je ujedno i najpopularniji pisac, kao što je Gogoljev *Revizor* bio najomiljenija lektira omladine. Ispod takvoga snažnoga uticaja teško je bilo izvući se, a komediografu utoliko teže što je tadanje naše društvo, napose birokratija, bila tako istovetna sa onom iz *Revizora*, da se Gogolj zamalo pa mogao smatrati našim domaćim piscem. Pod tim su velikim uticajem Gogoljevim svi moji komadi pisani osamdesetih godina, *Narodni poslanik*, *Protekcija*, a na prvom mestu i najviše *Sumnjivo lice*, koje će svakojako i u

KOMEDIJE I

mnogome podsetiti na *Revizora*. Na mome originalnome rukopisu ovoga komada čak i ne piše „komedija u dva čina", kao što je to docnije na pozorišnim listama napisano, već „gogoljijada u dva čina". Ovu konstataciju valjalo mi je učiniti pre no što je kritika kao svoje otkriće objavi.

Kada sam maločas pomenuo da je ovaj komad pisan pre četrdeset i više godina, mislim 1887. ili 1888. godine, čitaocima se izvesno i samima moralo nametnuti pitanje: otkuda i kako to da komad koji je pisan pre četrdeset i toliko godina tako dockan stiže da bude prikazivan? (*Sumnjivo lice* prikazano je prvi put na beogradskoj pozornici 29. maja 1923. godine.) To pitanje je utoliko nametljivije što, za sve to vreme, ostali moji komadi bivaju od uprava predusretljivo primani i često prikazivani, te zašto onda da jedan komad koji se može prikazivati 1928. godine, ne bude na repertoaru osamdesetih godina, kada je i pisan i kada je, pre no sada, oskudnome izvornome repertoaru dobro došla bila svaka, pa ma i skromnija novina?

U tome pitanju i leži razlog zbog koga sam ja sebi zadržao pravo da svoje čitaoce pozabavim istorijom ovoga komada, verujući da ih ona može interesovati, utoliko pre što će ih i ta istorija, kao i sam komad, vratiti u doba naših očeva, te zadovoljiti i jedan kult koji se u poslednje vreme toliko neguje u našoj javnosti.

Krajem sedamdesetih i početkom osamdesetih godina prošloga veka može se reći da se u nas vodila poslednja i najočajnija bitka između dva doba, jednoga koje je izumiralo i drugoga koje je nastupalo. Borba se vodila na svima linijama i na svima frontovima, i u politici, i u književnosti, i u životu. To je upravo bilo razdoblje ispunjeno sukobima, trzavicama, potresima i svima onim pojavama koje takvu epohu u razvoju jednog naroda i jednoga društva karakterišu. Prošlost se držala uporno u defanzivi; novi život, novi ljudi, novi pogledi i novi pravci su bezobzirno nadirali i osvajali, unoseći u svoje napore puno temperamenta, tako da tih godina temperatura našega javnog života, za čitav jedan decenij, nije silazila na normalnu, a vrlo se često pela i na četrdeset i jedan stepen, pa prelazila gdekad i tu liniju. Politika naročito imala je jedan epidemičan karakter, i to karakter epidemije kojom je zaražen bio ceo jedan narod, te nije ni čudo što je politika često zalazila i u književnost ili, ako ne to, a ono što su književnici zalazili u politiku. I najnežniji lirski pesnik toga doba, onaj koji je pisao samo o uzdahu i „njenim očima", nije propustio da napiše i po kakvu političku pesmu ili, u najmanju ruku, epigram. Kako bi onda komediograf, sa pretenzijama da bude hroničar svoga doba, mogao ili smeo izbeći da se ne potčini toj opštoj pojavi, a kako tek, kao što je slučaj kod *Sumnjivog lica*, gde pisac, pod neposrednim uticajem Gogoljevim, hoće da ismeje našu tadašnju birokratiju?

Ali to nije sav greh *Sumnjivog lica*. Toga elementa ima nešto manje u *Protekciji*, a mnogo više u *Narodnom poslaniku*, pa su ipak ta dva komada prikazivana, a *Sumnjivo lice* sve do danas ne. Težak greh njegov je u tome: što se dva ili tri puta u tekstu ovoga komada pominje reč: dinastija, i to ne baš uvek dovoljno pažljivo i ne onim lojalnim tonom kakav je toj reči pripadao u doba kada je komad pisan i u doba kada je dinastičnost inaugurisana kao naročiti kult svih režima.

I onda, može se misliti kako se pred tom pojavom morao zgranuti i pretrnuti jedan upravitelj „Kraljevskog srpskog narodnog pozorišta" pre četrdeset i toliko godina? To je bio pokojni Milorad Šapčanin; čovek čija je dinastička lojalnost bila jedna vrsta verske dogme.

Kad sam mu predao rukopis, primio ga je sa poverenjem, jer je dotle već bio primljen na repertoar jedan moj komad. Obećao mi je da će ga brzo pregledati i, zbilja, nije prošlo ni nekoliko dana, a ja dobih poruku da odem gospodinu upravniku.

Čitaocima ne može biti poznato osećanje mladoga pisca kad pođe da čuje sudbinu svoga komada. Nečega sličnoga možda ima u osećanju mlade devojke prilikom prvoga viđenja sa onim koji bi hteo da je prosi. Razume se, nekad, kada tom viđenju nisu prethodili mnogobrojni randevui i opširna korespondencija. Jedno neodređeno i nejasno uzbuđenje nosilo me je uz mnogobrojne stepenike u Narodnom pozorištu u kancelariju upravnikovu, koja je tada bila gore, pod krovom, iza današnje treće galerije. Ja sam, preskačući po tri stepenika, zamišljao svoj komad već podeljen, video sam već probe, mnogobrojne probe, glavnu probu; video sam publiku u ložama i parteru i očekivao sam sa strepnjom da se da prvi znak i da se digne zavesa. Sve sam ja to preživeo penjući se uz sto i dvadeset i sedam stepenika, koliko ih je upravo bilo odozdo pa do upravnikovih vrata. Ovaj tačan broj stepenika su utvrdili zajedničkom saradnjom mladi i beznadežni pisci.

Šapčanin me je dočekao sa onom ljubaznošću i predusretljivošću koja je bila jedna od njegovih najlepših osobina, pa ipak ja sam se osećao pred njim kao optuženi kome će predsednik suda saopštiti presudu.

— Pročitao sam vaš komad i, mogu vam reći, sviđa mi se! — poče Šapčanin. — Ima izvesnih grubosti koje bi se dale i ublažiti; ali, u glavnome je dobra stvar i sviđa mi se. Ja mislim da bi imala lepoga uspeha i na pozornici.

Ova uvodna rečenica razli po mome licu izraz zadovoljstva i meni ponovo prođoše kraj očiju probe, mnogobrojne probe, glavna proba, publika, i zazvoni mi u ušima prvi znak zvonceta za dizanje zavese.

— Ali — nastavi Šapčanin, i zavuče ruku u fioku vadeći rukopis otud — ali, ja vam, mladi čoveče, savetujem da uzmete ovaj rukopis, da ga odnesete kući i da ga spalite u furuni!

Još čim je Šapčanin izustio reč „ali", mene je pljesnulo nešto po čelu kao hladan mlaz vode, jer sam osetio da iza toga „ali" dolazi nešto neprijatno, nešto oporo, nešto grubo, nešto nemilosrdno. I Šapčanin razveza zatim jednu dugu i rečitu besedu, koja je imala ton roditeljskoga saveta. Govorio mi je o svetinji dinastije i o potrebi njene neprikosnovenosti; objašnjavao mi je potrebu lojalnosti jedne državne ustanove, koja je upravo i stvorena inicijativom i potporom dinastije; govorio mi je zatim o mojoj mladosti i budućnosti, koju drugim načinom i drugačijim poimanjem prilika treba sebi da zasnujem. On najzad završi svoj krasnorečivi govor, ponavljajući još jednom:

— I ja vam, mladi čoveče, savetujem da ovaj svoj komad spalite!

Ako sam, penjući se, preskakao po tri stepenika, ja sam silazio izvesno i po pet, jer sam se za sekund sručio sa treće galerije u parter, sa rukopisom pod pazuhom.

Razume se da nisam poslušao Šapčaninov savet. Teško je to svoje rođeno čedo predati ognju i gledati kako plamen proždire listove koje je ispisala mladalačka volja i plemenita ambicija. Stavio sam ga u fioku, na dno, ispod mnogih drugih hartija, a izvadio sam iz fioke čist tabak hartije da drugo što počnem pisati.

Prolazile su godine, a moje *Sumnjivo lice* počivalo je mirno i neuznemiravano na dnu fioke. Prolazile su godine i događaji su se valjali. Za nas, pozorišnu publiku, bio je veliki događaj i to kada je jednoga dana Milorad Šapčanin otišao iz pozorišta, a na njegovo mesto došao Nikola Petrović. Ta promena nije značila samo promenu ličnosti već i promenu režima u pozorištu. Napredna stranka, čiji je eksponent bio Nikola Petrović, zakonima koje je inaugurisala, proširila je slobode svima pojavama javnoga života. Počeo se osećati jedan življi društveni pokret, jedan svežiji dah i mnogo štošta što je do juče bilo neprikosnoveno, poče dobivati jednu običniju, da ne rečem banalniju fizionomiju.

Meni tada pade na pamet da na dnu jedne fioke u mome stolu leži godinama jedan rukopis i učini mi se da je upravo došlo njegovo vreme. Izvadim, dakle, jednoga dana rukopis, stresem sa njega prašinu, pročitam, ispravim i uputim se sa sveznjem pod pazuhom novome upravniku, čija je kancelarija bila na prvome spratu iz Dositejeve ulice, te do koga je lakše bilo dopreti.

Ja neću da ponavljam kazivanje o onim strepnjama za vreme očekivanja presude na koju ipak nisam čekao toliko dugo, jer je pokojni Nikola Petrović bio vredan i predusretljiv čovek.

Jednoga dana, nakon dve ili tri nedelje, idući Hilendarskom ulicom, spazih sa protivne strane pokojnog Nikolu Petrovića, koji je tada u toj ulici stanovao. Još na dvadeset metara rastojanja Petrović udari u glasan i sladak smeh i produži još i kad se zaustavih pred njim. Kada ga prođe smeh, on mi reče:

— E, slatko sam se smejao onoj vašoj stvari; pa kad vas videh izdaleka, meni pade na pamet. E, ono je divota, prosto divota! Čitao sam pre neki dan u krevetu i, kažem vam, tresao sam se od smeha. Moram vam čestitati, Nušiću!

I on mi srdačno prodrmusa ruku, a na mome se licu izli izraz zadovoljstva i ponovo mi prođoše kraj očiju probe, mnogobrojne probe, glavna proba, publika, i zazvoni mi u ušima prvi znak zvonceta za dizanje zavese.

— Žestoko, kažem vam, samo, ovaj, dođite vi, Nušiću, još danas k meni da vam dam rukopis...

— Kako? — ... zinuh ja.

— Da, da vam dam rukopis, da ga nosite kući. Znate, ne volim da se nađe u mojoj fioci; mator sam da idem u aps. Nego nosite vi to što pre svojoj kući.

Meni se prevrnu Hilendarska ulica zajedno sa Mitropolitovom baštom, progutah uzbuđenje i razočaranje i već toga dana, pre podne, smestih rukopis opet tamo, na dno fioke, ispod ostalih rukopisa i izvadih čist tabak hartije da drugo što počnem pisati.

Prolazili su opet dani i godine, a *Sumnjivo lice* ležalo je u pritvoru, bez istrage i bez isleđenja. Bio sam gotovo i zaboravio na taj rukopis.

Godine 1900. dolazim ja za upravnika pozorišta i smenjujem Nikolu Petrovića. Pozorišni pisac i sam, imao sam ambiciju da svoje upravljanje obeležim što obilatijom prinovom izvornoga repertoara, te nisam prezao ni od smelijih pokušaja, verujući da će to dati maha izvornoj drami i da će slabiji pisac izvući konsekvence iz svoga neuspeha, i bolji i jači ohrabriti se podstrekom i poći novom stvaranju. Je li čudo, dakle, što mi je u toj težnji palo na pamet da tamo negde, u jednoj fioci moga stola, leži zaboravljen jedan komad? I nije li prirodna bila moja nada da će nova uprava, koju sam predstavljao ja, izvesno biti predusretljivija od dosadanjih uprava? Ako ikad dakle, sad bi bilo vreme i sad prilika, kao nikad dosad, da *Sumnjivo lice* vidi sveta.

Ja opet vadim komad sa dna fioke, stresam prašinu sa njega, i odnosim ga jednoga dana te stavljam na sto upravnika pozorišta. Rukopis nije dugo čekao na pregled; seo sam jednog od prvih dana, zatim, da ga pročitam još jednom.

Sto upravnički veliki, prostran: na stolu akta, na aktima numere, zvonce, pa fotelje, a na zidu, iza mene, kraljeva slika u bogatome ramu. Ulazi u kancelariju pozorišni činovnik i donosi akta na potpis: akta sa državnim žigom, potpis pod štambiljom utisnutom titulom — i sve to, i sve oko mene, stvara u meni neko zvanično raspoloženje, stvara jednu naročitu, kancelarijsku atmosferu, i ispravljam se nekako u fotelji iza koje, a nad mojom glavom, visi u debelom ramu slika Njegovog veličanstva kralja.

Čitam komad, čitam, i kad naiđem na reč „dinastija", okrećem se oko sebe i pogledam obazrivo u sliku Njegovog veličanstva kralja. Čitam dalje, čitam ga sedeći zavaljen u upravničkoj fotelji i, bome, kad sam dočitao do kraja, učini mi se sasvim drugači no što mi se činilo kad sam ga čitao kod kuće, kao pisac. I, najzad, kad sam ga pročitao još jedanput, desi se ono što se moralo desiti. Ustajem sa fotelje, dižem sa stola rukopis i vraćam ga sebi kao piscu a, razume se, propraćam to sve ovim mudrim rečima:

— Dragi moj gospodine Nušiću, nosite vi ovaj rukopis kući. Lep je komad, dobar je komad, ja vam čak i čestitam na njemu, ali nosite vi to kući, jer ne bih rad bio da se nađe ovde, u mojoj upravničkoj fioci.

— Ali, zaboga — pokušavam ja, Nušić pisac, da se bunim — ranije uprave razumem... ali danas... pa onda vaša težnja da prinovite repertoar...

— Sve je to tako... da, tako je — odgovaram ja, Nušić upravnik — ali ja vam kao vaš iskren prijatelj, i u interesu vaše budućnosti, savetujem: nosite ovaj rukopis kući. Vi ste mlad čovek, pa treba da me poslušate!

Ovaj sam razgovor vodio pogledajući u veliko ogledalo, koje je bilo prema mome stolu i u kome je, preda mnom, sedeo pogružen pisac Nušić. Da bih ga umirio, ja napravih jednu kompilaciju iz nekadanje besede Šapčaninove i održah jedan dug govor, te jedva najzad uspeh ubediti onoga u ogledalu da uzme rukopis i da ga odnese kući, i ostavi na njegovo staro mesto, na dnu fioke, pod debelim svežnjem drugih rukopisa.

Između ove istorije, koju ovde ispisujem, i prvoga prikazivanja *Sumnjivoga lica* prevaljali su kraj nas veliki i krupni događaji. Prošlost, koju smo još i mi zapazili, izmakla je vrlo daleko; zasuti su ili su iščezli po putu tragovi teških stopala koje je ona u sporome hodu za sobom ostavljala. Od onih mutnih vremena do danas prošlo je toliko stvari i izmenjeno toliko duha u našim naravima, da nam danas briga stare policije o dinastiji izgleda kao karikatura iz Tvenovih anegdota ili iz Gogoljevih komada. *Sumnjivo lice* možda je, usled toga, izgubilo jedan deo draži koju je moglo imati pre trideset ili četrdeset godina, ali ne i svoj hroničarski karakter.

Ako ipak u ovoj komediji ima aluzija koje nisu zastarele; ako ima pogdekoje reči koja bi se mogla i danas reći; ako ima pojava na koje bi se i danas mogao pružiti prst — to je samo dokaz: da u birokratiji celoga čovečanstva, svih naroda i svih rasa ima elemenata koji su opšti i večiti, te koji će komediografima budućnosti tako isto pružiti materijal kao što ga je meni prošlost pružila.

Ja bih mogao ovde da završim, ali *Sumnjivo lice* ima još jednu svoju naknadnu istoriju. I predmeti često puta, kao i ljudi, preživljuju događaje, čudnovate doživljaje, pogdekad čak i avanture. I ovaj komad, *Sumnjivo lice*, preživeo ih je.

Godine 1915. ja sam se nalazio u Skoplju kao upravnik pozorišta. Tu me je zatekao i slom i odatle sam krenuo u bekstvo, u Albaniju. Otvorio sam sve fioke na svome stolu i pobacao jedan deo nedovršenih rukopisa i beležaka, a sve što je dovršeno ili bar detaljnije skicirano poneo sa sobom. Tom prilikom, tamo na dnu fioke, našao sam i — na večitu robiju osuđeno *Sumnjivo lice* i poneo ga sa sobom. Najzad, do Prištine, dokle se bežalo železnicom, i mogao se poneti čitav denjak rukopisa, koji je težio možda, deset-petnaest kilograma. Ali od Prištine, odakle smo peške morali poći put Prizrena, teško mi je bilo nositi na leđima toliki teret. U Prištini sam dakle morao nanovo reducirati rukopise, morao sam odbaciti ono što je manje vredno, a poneti samo ono čemu sam pridavao naročitu važnost. Odabirajući tako i bacajući na pod sve ono što sam rešio žrtvovati, dođe red i na *Sumnjivo lice*. Pogledah ga, pogledah uzduž i popreko, i — najzad odlučih. Bacih ga na patos, u gomilu onih rukopisa koje žrtvujem, koje odbacujem od sebe, kojima namenjujem da zauvek propadnu. „Idi, bedo!" — mislio sam bacajući ga. — „Nisam bio kadar preneti te preko pozornice, a gde li bih bio kadar preneti te preko Albanije?"

I krenuo sam jednoga dana, noseći na leđima mali paket najdragocenijih mi rukopisa, a tamo u Prištini, u jednoj arnautskoj kući u kojoj sam stanovao, ostali su rukopisi na smrt osuđeni. Ali ni u Prizrenu se nije moglo ostati, a putujući dotle, uvideo sam koliko je i to veliki teret što sam ga poneo i rešim da i taj deo rukopisa ostavim. Ali ih ne ostavljam nezbrinute kao one tamo u Prištini, bačene na pod i osuđene na propast, već ih poveravam jednoj Srpkinji, Prizrenki, koja ih brižljivo prikriva na tavanu, pod samim patosom.

Mi odlazimo iz otadžbine i tri duge godine provodimo u tuđini, a krajem osamnaeste, odmah za vojskom, vraćam se i ja u Skoplje. Malo dana zatim i ja saznajem za tužnu vest da su Bugari u Prizrenu, premećući srpske kuće da traže oružje, našli one moje dragocene i odabrane rukopise, skrivene pod patosom na tavanu, i spalili ih.

Za vreme izbegličtva, međutim, moj otac, koji je stanovao u Prištini, umro je i, čim je to bilo moguće, žena mi ode u Prištinu da mu nađe grob. Prolazeći kroz prištinske ulice, sretne se sa onim Arnautinom u čiju smo se kuću bili sklonili, i ovaj je pozdravi: „Ama, gospođo, da svratiš do mene. Kad ste pobegli odavde, pobacali ste neke hartije, a ja pokupio i sačuvao!"

Žena svrati, uze i donese mi u Skoplje — *Sumnjivo lice.*

LICA:

JEROTIJE PANTIĆ, sreski kapetan
ANĐA, njegova žena
MARICA, njihova kći
VIĆA, ŽIKA, MILISAV, sreski pisari
TASA, praktikant
ĐOKA
ALEKSA ŽUNJIĆ, sreski špijun
GAZDA SPASA
GAZDA MILADIN
JOSA, pandur

Zbiva se u doba naših očeva, u jednoj pograničnoj palanci.

PRVI ČIN

Soba palanački nameštena. Vrata sa strane i u dnu.

I

JEROTIJE, ANĐA

JEROTIJE *(šeta uzbuđeno s rukama pozadi i držeći jedno pisamce).*
ANĐA *(dolazi iz leve sobe)*: Što si me zvao?
JEROTIJE *(podmeće joj pismo pod nos)*: Pomiriši!
ANĐA: Ala lepo miriše!
JEROTIJE: Na šta?
ANĐA *(doseća se)*: Čekaj!... Miriše na promincle.
JEROTIJE: Baš si pogodila!
ANĐA: Nego?
JEROTIJE: Miriše na Đoku.
ANĐA: Kakvog Đoku, boga ti?
JEROTIJE: Eto, takvog!
ANĐA: Govori, čoveče, šta je; ništa te ne razumem.
JEROTIJE: Imaš li ti kakvog Đoku u familiji?
ANĐA *(domišljajući se)*: Nemam!
JEROTIJE: E, ako ti nemaš, tvoja ćerka ima.
ANĐA: Ama, šta govoriš, boga ti?
JEROTIJE: Ne govorim ja, Anđo, on govori, on!

ANĐA: Ama ko?
JEROTIJE: Pa Đoka!
ANĐA: Opet! Govori jedanput, čoveče, da te razumem!
JEROTIJE: Je l' hoćeš da razumeš? E, pa na, pročitaj ovo pa ćeš razumeti! *(Daje joj pismo.)*
ANĐA *(čita pismo)*: „Đoka".
JEROTIJE: Njega znamo već. Ostavi njega pa počni ozgo.
ANĐA *(čita ozgo)*: „Marice, dušo moja!"
JEROTIJE: Aha, je l' ti sad miriše na promincle?
ANĐA *(nastavlja čitanje)*: „Primio sam tvoje slatko pismo i izljubio sam ga stotinu puta."
JEROTIJE: Čudo nije izljubio i pismonošu i upravnika pošte i...
ANĐA *(čita dalje)*: „Postupiću tačno po uputstvima koja si mi u njemu izložila."
JEROTIJE: Divota! Tvoja ćerka šalje uputstva! Ako tako potera, može početi još i da šalje raspise; može čak da zavede i delovodne protokole pa da počne posao pod numerom...
ANĐA *(čita dalje)*: „Jedva čekam srećan čas da pritisnem..."
JEROTIJE *(prestravi se)*: Šta da pritisne?
ANĐA *(nastavlja)*: „Poljubac na tvoja usta."
JEROTIJE: Čudo ne kaže: da udarim pečat na tvoj raspis.
ANĐA *(završava čitanje)*: „Tvoj do groba verni Đoka." *(Zgranuta.)*
JEROTIJE: Đoka! Eto ti ga s misli i s personom! Sad znaš ko je Đoka.
ANĐA *(krsti se)*: Ju, ju, ju, ju! Gospod je ne ubio! Prste ću joj iseći, da ga majci nikad više ne napiše pismo.
JEROTIJE: More će da ga napiše nosem. Nosem će da ga napiše, samo kad hoće.
ANĐA: Otkud ti ovo pismo?
JEROTIJE: Doneo poštar.

ANĐA: Za nju?
JEROTIJE: Za nju, dabome!
ANĐA: I ti ga otvorio?
JEROTIJE: Otvorio, dabome.
ANĐA: Bolje da nisi. Bolje, bogami, nego ovako što mi presede. I kako ću da joj kažem da si joj otvorio pismo?
JEROTIJE: Eto ti sad! Čudo božje! Otvarao sam ja pisma malo veće gospode, pa neću Đokino.
ANĐA: Otvarao si, al' si zbog toga i službu izgubio.
JEROTIJE: Izgubio, pa šta? Posedeo malo, koliko da se zaboravi, pa posle opet dobio službu.
ANĐA: Pa jeste, al' nemoj sad opet da otvaraš pisma.
JEROTIJE: Moram! Nije što hoću, nego moram. Znaš kako je to, ostane čoveku u krvi. Ima ljudi koji vole tuđe pile, ima ih koji vole tuđu ženu, a ja volim tuđa pisma. U mojim rukama, gledam ga, a ne znam šta u njemu piše. Ne možeš da izdržiš, pa to ti je. Slađe je meni pročitati tuđe pismo no pojesti tri porcije sutlijaša sa cimetom, a ti, Anđo, znaš koliko ja volim sutlijaš sa cimetom. Eto, došlo od jutros puno pisama: iz Ministarstva, iz okruga, iz opštine. Kad, jedno pismo miriše. Znam, pisma iz Ministarstva ne mirišu; ne mirišu ni ona iz okruga, a ona iz seoskih opština... možeš misliti već!... Uzmem ovo pismo, pogledam, kad... „Gospođici Marici Pantićevoj". Oho, rekoh, tu smo! Otvorim ga, pomirišem, kad... zamirisa Đoka. Eto ti!
ANĐA: Ja ne znam, bogami, šta radi ova država! Zar nije bolje da devojke uče čitati i pisati tek kad se udadu.
JEROTIJE: Pa i onda ne znam šta će im. Da čitaju valjda iz „Kuvara" kako se prave puslice i muškacone. Tu je muž, pa ako mu se jedu puslice, a on neka pročita ženi kako se prave.
ANĐA: Pravo kažeš!
JEROTIJE: A nisi ni pogledala odakle je pismo?
ANĐA *(zagleda)*: „Prokuplje".

JEROTIJE: Kažem ja tebi, Anđo, ne šalji dete u goste tetki, ali ti: neka, neka se dete provede malo. E, eto ti sad, ona se provela, a sad možeš ti da se provodiš.

ANĐA *(razmišlja)*: A opet, šta znaš, Jerotije, možda je ovo kakva dobra prilika?

JEROTIJE: Hm, dobra prilika; Đoka, dobra prilika! Idi, boga ti! Dobra je prilika gospodin Vića, a ne Đoka! I ti, da si majka kao što treba, ti bi trebala da je naučiš. Eto, čovek je hoće, nije da neće. Baš pre neki dan opet mi je rekao: „Kad bi se mi orodili, gospodine kapetane, gde bi nam bio kraj!"

ANĐA: Govorila sam joj, nije da joj nisam govorila, ali kad ga dete ne voli.

JEROTIJE: A pa čemu ga opet mora voleti? Nisi ni ti mene volela kad si se udala, pa šta ti fali? Nego reci, nisi ni ti mnogo navaljivala na nju?

ANĐA: Pa i nisam. Otežem stvar zbog one njegove krivice. Rekoh, nek se to svrši, pa onda neka prosi.

JEROTIJE: Ama kakva krivica, pobogu brate! Gde si ti još videla kod nas da je činovnika glava zabolela zbog krivice? A posle, pametan je to čovek, zna taj šta radi. Pokrao je on sva ta akta, i sad: nema akta, nema ni krivice. Ne može mu ministar ništa, manj da ga istera iz službe. Ali i da ga istera, misliš mari on? Skrckao je taj paricu, pa mu se može i bez službe. Sedeće godinu-dve i davaće pare na zajam seljacima. Ako baš hoće nanovo službu, sačekaće dok padne vlada, pa će ga posle druga sa klasom u službu.

ANĐA: Ama zar istina taj čovek ima toliko para?

JEROTIJE: Ima, nego! I ima dosta, bome. Pisar druge klase i nema više nego četrnaest meseci kako je u ovome srezu, a došao je go k'o pištolj. Al' ume, brate! Eto, onaj drugi, gospodin Žika, celog će života ostati siromah. Njemu dosta kad mu ponudiš litar-dva vina. Al' ovaj, jok! Neće da se prlja za sitnicu; ne voli čak ni da primi na rad prodaje, procene, licitacije i takve stvari; veli: „Neka to gospodin Žika." On samo nakrupno hvata. Njegova je struka politika, i na njoj bome dobro zarađuje. Najviše zarađuje na dinastiji. Za njega je dinastija krava muzara. A muze, brate, vešto! Tek vidiš, pritvori kakvog gazdu, veli: „Lajao protiv dinastije!" i natovari mu ovolika akta... sedam, osam, dvanaest svedoka... pet godina robije. A jednog dana tek, nestala akta, ili iskazi svedoka sasvim drukče glase nego kad si ih prvi put čitao i onaj... tek vidiš, u slobodi. Eto, tako, ide mu taj posao od ruke. E, to je, vidiš, domaćin čovek, takvog mi zeta daj, a ne Đoku.

ANĐA: Šta ću, šta mogu kad ga ona ne trpi, kaže: liči joj na petla.

JEROTIJE: Rotkve njoj strugane! A šta bi ona htela! I ja sam ličio na petla kad sam tebe uzeo, pa šta ti fali?

II

GOSPODIN VIĆA, PREĐAŠNJI

VIĆA *(dolazi iz kancelarije sa telegramom u ruci)*: Dobar dan želim!
JEROTIJE: A ti si, gospodin-Vićo. Baš sad nešto o tebi govorimo.
VIĆA: Telegram, znate, pa rekoh...
JEROTIJE: Iz okruga?.
VIĆA: Nije, iz Ministarstva.
JEROTIJE *(sa većom pažnjom)*: Iz Ministarstva? Šta je?
VIĆA: Šifra.
JEROTIJE: Šifra? Poverljivo?
VIĆA: Vrlo poverljivo.
JEROTIJE: Anđo, skloni se ti! Znaš, poverljive stvari nisu za žene.
ANĐA: Znam de, razumem ja to! *(Polazi.)*

JEROTIJE: A je l' ponese ono pismo? *(Spazi ga u njenoj ruci):* Pa ovaj, natrljaj joj nos i kaži da ja to ne trpim. Neka ne čeka da ja... ANĐA *(ode).*

III

JEROTIJE, VIĆA

JEROTIJE: Šifra, a? Je l' nešto važno?
VIĆA: Ne znam!
JEROTIJE: Jesi razrešio?
VIĆA: Jesam.
JEROTIJE: Pa šta je?
VIĆA: Ne znam!
JEROTIJE. Ama, kako ne znaš?
VIĆA: Evo, pa čitajte sami! *(Daje mu telegram.)*
JEROTIJE *(čita i iznenađuje se; zagleda depešu sa svih strana, pogleda Viću, pa opet pokušava da čita)*: Pa dobro, šta je ovo?
VIĆA: Ne znam.
JEROTIJE *(čita glasno)*: „Plava riba" — jest „plava riba". Budi bog s nama! *(Čita opet):* „Plava riba, kljukana dinastija." *(Trgne se):* Ama, gospodine Vićo, šta je ovo. *(Čita dalje):* „Lokomotiva, okrug, trt, trt, trt..." *(Pogleda u Viću pa nastavlja):* „Zora, kundak, vladika, fenjer, svastikin but, bubanj, pečat, penzija, pop!" *(Prestaje):* Budi bog s nama, šta je ovo?
VIĆA: Ne znam, ne razumem. Znojio sam se po sata dok sam razrešio.
JEROTIJE *(šeta zamišljeno)*: Što ne razumeš ti, dobro; ali, eto, ni ja ne razumem. Nijednu reč ne razumem. Ajd' ovo „dinastija" i ovo „trt, trt, trt", kad se veže, recimo, moglo bi se još nekako i razumeti. To bi moglo značiti na primer: „Ulijte u narod strahopoštovanje

prema dinastiji!" Al' ovo drugo, ovaj pop, pa ova plava riba i ovaj svastikin but, to baš ne može ništa značiti. *(Čita opet u sebi):* Ne znam! *(Misli se):* A da ipak ovo ne znači nešto, samo vrlo zavijeno rečeno, a? I to možda vrlo važno?
VIĆA: I ja bih rekao.
JEROTIJE: To bi moralo biti štogod vrlo važno, jer ako bi bilo da tebe, gospodine Vićo, otpuštaju iz službe, zbog onoga što si udesio da se u akta podmetne lažni testament, to ne bi moralo šifrom.
VIĆA: Dabome! Ne bi moralo šifrom čak i kad bi vas penzionisali zbog onog što ste udesili da se čovek zaduži kod Uprave fondova na tuđe imanje.
JEROTIJE *(ujeda se)*: Jest, ne bi ni to moralo šifrom! Mora da je to važnije što. Da nije mobilizacija, ili... ko zna šta sve može biti? Ama, jesi li ti to, gospodine Vićo, dobro razrešio?
VIĆA: Reč po reč. Vidô sam odmah da je nešto vrlo važno, pa sam pažljivo radio.
JEROTIJE *(misli)*: „Plava riba"! Dobro, neka mu bude „plava riba", ali „kljukana dinastija"? Kad se zrelo razmisli, ima tu i uvrede, gospodine Vićo! To ne može drukče biti, nego ti si nešto pogrešio.
VIĆA: Evo, da donesem šifre, pa sami da vidite.
JEROTIJE: Razrešio si donjom, opštom šifrom?
VIĆA: Jeste!
JEROTIJE: A nisi probao gornjom, specijalnom?
VIĆA: Gle! Nisam, bogami!
JEROTIJE: Pa to će biti, to će biti, gospodine Vićo! Ajde brže, ako boga znaš, izgoreh od nestrpljenja! Ajdemo u kancelariju! *(Odu desno.)*

IV

ANĐA, MARICA

MARICA *(napolju, levo, čuje se tresak nekog suda koji se razbio o zemlju. Odmah zatim pojavljuje se uzbuđena).*

ANĐA *(dolazi za njom)*: Što da razbiješ šerpenju?

MARICA: Pa šta bih drugo mogla razbiti kad mi je šerpenja bila u ruci?

ANĐA: Pa dobro, al' zašto da je razbiješ?

MARICA: Ja sam ti kazala jedanput za svagda: neću ni reči više da mi govoriš o tome gospodinu Vići, a ti nećeš da me se okaneš. Sad sam se rešila: čim mi progovoriš makar jednu reč o njemu, da razbijem što mi prvo dođe do ruke. Drukče ne mogu s tobom da izađem na kraj.

ANĐA: Pa ne govorim ja za tvoje zlo.

MARICA: Za šta god da mi govoriš, neću da čujem, razumeš li me? Čim mi ga pomeneš, razbiću što god dočepam.

ANĐA *(krsti se)*: Budi bog s nama, a da kažeš bar da je rđav čovek. Eto, baš malopre razgovaramo ja i otac; veli, ima para, a i voli te čovek, kazao je ocu da te voli.

MARICA *(dočepa čašu s cvećem koja stoji na stolu i tresne je o zemlju).*

ANĐA: E, jesi besna, kćeri!

MARICA: Kazala sam ti, nije da ti nisam kazala, pa šta me izazivaš!

ANĐA: Šta ti je danas?

MARICA: Šta mi je? Još me pitaš?... Otvorili mi pismo; čitali ga možda celom svetu, pa sad me pitaš šta mi je danas!

ANĐA: Pa lepo, ajd' da razgovaramo ljudski i pametno o tome.

MARICA *(dočepa flašu s vodom; odlučno)*: O čemu? O kome?

ANĐA: O... Đoki!

MARICA *(ostavi flašu)*: Šta da govorimo?
ANĐA: Pa tako, da mi kažeš ko je to, šta je, kakav je?...
MARICA: Kakav je da je, ja ga volim, pa to ti je!
ANĐA: Pa znam, kćeri, al' ne ide to tako!
MARICA: Ide, bogami! Do devetnaeste godine nisam ni mislila na udaju, ostavila sam to vama; od devetnaeste do dvadeset prve mislila sam i kazala sam vam: nađite mi. Kad sam navršila dvadeset i prvu a vi niste nikog našli, kazala sam vam: ja ću naći. Pa eto, našla sam!
ANĐA: Ama kako to „našla sam"... I... nije to valjda... kako da kažem...
MARICA: Jeste, jeste, svršeno je, ako si to htela da pitaš! Ako ne veruješ, evo da ti pročitam šta sam mu pisala. *(Izvadi iz kecelje parče hartije):* Na, ovo je taj odgovor od njega što ste ga vi otvorili i pročitali. Evo, slušaj! Ovo napred te se ne tiče, nego ovo. *(Čita):* „Ja sam ti već usmeno govorila da je moj otac..." *(Govori):* I to te se ne tiče. *(Čita):* „A taj gospodin Vića, zbog koga..." *(Govori):* I to te se ne tiče! *(Čita):* „Ni ostali u srezu..." *(Govori):* I to te se ne tiče!
ANĐA: Pa šta me se onda tiče?
MARICA: Evo ovo! *(Čita):* „Zato, ako me doista voliš, ti odmah kreni na put. Dođi, i kad stigneš, odsedni u hotel „Evropi", ali nemoj izlaziti nigde u varoš. Malo je mesto, pa bi odmah pao u oči. Sedi u sobi i javi mi ceduljicom da si stigao. Ja ću tad izaći pred oca i pred majku otvoreno. Ako pristanu, zvaću te da odmah svršimo stvar; ako ne pristanu, ja ću doći tebi u hotel i pući će bruka kakva se nije desila otkako je sveta i veka. Tada već ni otac ni majka neće imati gde..." *(Prestane čitati):* Ovo dalje te se ne tiče! Eto, sad znaš! Jesi razumela? Na to mi on odgovara: „Postupiću tačno po uputstvima koja si mi u pismu izložila." Jesi razumela sad? Eto ti, pa se prema tome sad upravljajte i ti i otac.

ANĐA *(krsti se)*: Ju, ju, ju, kćeri, crna kćeri, šta sam doživela. Obećavaš čoveku da mu ideš u kafanu. Gospode bože, kakva je ovo današnja mladež!

MARICA: Onakva kakva je uvek bila mladež...

ANĐA: Ju, pomeri se, dete... nikad to nije bilo, nikad! Izmetnuo se svet, prevrnulo se sve tumbe i promenilo se...

MARICA: Promenilo se samo mesto i ništa više.

ANĐA: Kakvo mesto?

MARICA: Pa tako. Sad devojke zakazuju sastanke u kafani, a u tvoje vreme su na tavanu.

ANĐA: To nije istina. A i da je istina, opet je to drugo.

MARICA: Ne znam po čemu?

ANĐA: Pa po tome što je sramota da devojka izađe iz kuće, a tavan je u kući.

MARICA: E, to ti vredi!

ANĐA: Al' ovo, u kafani; ja da doživim da moja kćerka ide u kafanu sa mladićem!

MARICA: A ti nemoj da doživiš! Ne moram ja ići, može on ovamo doći ako pristajete.

ANĐA: Ama kako, ako pristajemo? Niti znamo ko je, ni šta je, ni...

MARICA: Pa pitaj me ako ti treba, pa ću ti kazati.

ANĐA *(krsti se)*: Gospode bože! Pa dobro, evo da te pitam. Ajd' kaži mi: koji ti je taj Đoka?

MARICA: Apotekarski pomoćnik.

ANĐA: Apotekarski pomoćnik? Zato njegovo pismo miriše na promincle!

MARICA: Baš si pogodila!

ANĐA: Svejedno, na šta bilo, tek miriše. Pa dobro, kćeri, jesi li razmislila ozbiljno: šta je jedan apotekarski pomoćnik, od čega ćete da živite?

MARICA: To nemoj ti da brineš.
ANĐA: Da ko će? Ne možete se hraniti prominclama, niti se oblačiti u fačle.
MARICA: To je naša briga, a vaša je da razmislite što pre, da ne bude posle dockan kad već pukne bruka. Čula si šta u pismu piše, i tako će i biti. On ako ne stigne danas, stići će sutra zacelo, i onda... Upamti i slobodno kaži ocu, bruka mu ne gine!
ANĐA: Gde bih mu to kazala, pobogu dete! Ne bih ja njemu smela...
MARICA: Ako nećeš ti, ja ću mu kazati.
ANĐA: Nemoj, bolje nemoj. Naljutićeš ga, pa još gore. Pusti mene, ja ću polako, izdaleka, lepim. Nemoj, molim te, ti!
MARICA: Kako god hoćeš, meni je svejedno!

V

JEROTIJE, PREĐAŠNJI

ANĐA *(čim se pojavi Jerotije na desnim vratima)*: Htela bih, Jerotije...
JEROTIJE *(značajno, prst na usta)*: Pst!
MARICA *(odlučno)*: Slušajte, oče!
JEROTIJE *(kao gore)*: Pst! Stvar je vrlo važna! Iziđite iz ove sobe.
ANĐA: Moram da razgovaram s tobom nasamo, jer nemamo vremena.
JEROTIJE: Ima i država da razgovara sa mnom nasamo, a država je preča.
MARICA: Meni je svejedno, samo da se posle ne kajete! *(Ode u levu sobu.)*
ANĐA: Stvar je ozbiljna...

JEROTIJE: I ovo je stvar ozbiljna, još kako ozbiljna. Zvaću te, idi sad, zvaću te! *(Odgura je u levu sobu.)*

ANĐA *(odlazeći)*: Bogami, Jerotije, grešiš...

VI

JEROTIJE, VIĆA

JEROTIJE *(na vratima, iz kojih je došao)*: 'Odi, gospodine Vićo.

VIĆA: Jeste li sami?

JEROTIJE: Sam. Ne možeš u celoj kući da nađeš mesta gde možeš poverljivo da razgovaraš. Ona naša kancelarija prava jurija; tek zineš, a neko upadne! Ovde opet, možemo! *(Seda)*: Deder sad, molim te, gospodine Vićo, pročitaj mi još jedanput tu depešu, ali polako, reč po reč. *(Metne školjku od šake na uvo.)*

VIĆA *(obzirući se da ko ne sluša)*: „Strogo poverljivo. Prema saznanju i tragu do sada uočenome..."

JEROTIJE: Aha, aha!

VIĆA *(nastavlja)*: „...U tome se srezu sada nalazi izvesno sumnjivo lice..."

JEROTIJE: Upamti, gospodine Vićo, „sumnjivo lice".

VIĆA *(ponavlja)*: „...Koje nosi sobom revolucionarne i antidinastičke spise i pisma..."

JEROTIJE: Pročitaj to, molim te, još jedanput! *(Metne na oba uva školjke.)*

VIĆA *(ponavlja)*: „...Koje nosi sobom revolucionarne i antidinastičke spise i pisma..."

JEROTIJE *(uzima depešu)*: Daj i ja da pročitam. *(Čita)*: „Koje nosi sobom revolucionarne i antidinastičke spise i pisma..." *(Vraća depešu)*: Čitaj dalje!

VIĆA *(čita)*: „Sa namerom da ih prenese preko granice..."

JEROTIJE: Aha, aha! Deder dalje!

VIĆA *(čita)*: „...Tačan opis ovog sumnjivog lica nepoznat je vlastima! Jedino se zna da je to mlad čovek. Učinite sve što je moguće da se ovo lice u vašem srezu pronađe, spisi i pisma od njega oduzmu i pod jakom stražom sprovede u Beograd. Udvojte pogranične straže da bi mu se sprečio prelazak preko granice i, ako vam zatreba pomoć, obratite se u moje ime susednim sreskim vlastima."

JEROTIJE: Aha, gospodine Vićo, ovo nije plava riba i svastikin but? Ovo je važna i ozbiljna stvar. A? Daj ovamo tu depešu! *(Stavlja je na dlan i uznosi kao da bi hteo da joj odmeri težinu)*: Šta misliš ti, gospodine Vićo, koliko je teška ova depeša?

VIĆA: Bome!

JEROTIJE: Ako hoćeš da joj izmeriš težinu, treba da znaš šta nosi. Šta misliš, gospodine Vićo, šta nosi ova depeša?

VIĆA *(sleže ramenima)*.

JEROTIJE: Nosi klasu, gospodine Vićo.

VIĆA: Vama, gospodine kapetane!

JEROTIJE: Pa meni, dabome! Uostalom ti, gospodine Vićo, i ne mariš mnogo za klasu. Pa jes', šta će tebi?

VIĆA: Ne kažem da mi treba klasa, ali bih voleo onako da se sredim, da se odomaćim...

JEROTIJE: Znam šta hoćeš da kažeš. Ne brini, gospodine Vićo; ako ovaj posao svršimo, meni klasa, a tebi nevesta u kuću.

VIĆA: To tako vi kažete, a devojka?

JEROTIJE: Devojka ima da ćuti i da sluša roditelje, samo ako mi pomogneš da uhvatimo ovo lice.

VIĆA: Ako samo meni poverite stvar, ja ću ga uhvatiti.

JEROTIJE: Dobro, da ti poverim, al' kako ćeš da ga nađeš? Ajd', kaži mi, kako ćeš ga naći?...

VIĆA: Pa ja mislim, ovaj, na osnovu ove depeše da uhapsim gazda-Spasoja Đurića.

JEROTIJE: Da uhapsiš gazda-Spasoja?! Uha, kud ti zaošija, gospodine Vićo. Čestit čovek i miran, najbogatiji trgovac...

VIĆA: Pa baš zato!

JEROTIJE: Ama otkud to ide?

VIĆA: Ne bi mu baš ništa falilo. Odsedeo bi dva do tri dana u apsu, a ja bih ga posle pustio.

JEROTIJE: Znam ja da bi ga ti posle pustio, ali što ne ide, ne ide! Otkud gazda Spasoje sumnjivo lice? Zar ne vidiš da ovde piše „mlad čovek", a gazda Spasoje ima šeset godina. Pa onda, i da ga uhapsiš, kamo ti kod njega revolucionarni i antidinastički spisi? Ako i preturiš hartije gazda-Spasojeve, šta ćeš naći? — Priznanicu tvoju, priznanicu moju, a to, brate, nisu sumnjivi spisi.

VIĆA *(buni se)*: Pa, ono...

JEROTIJE: Ono jest, sumnjivi su, zato što ne misliš da mu platiš. A ne mislim ni ja, ako hoćeš pravo da ti kažem. Dosta on zarađuje od ovog naroda, a mi smo, kao vlast, pozvani da uzmemo u zaštitu narod od takvog globadžije. A kako ćeš ga zaštititi drukče do ako zakineš pogdešto od gazda-Spasoja. Ali, gospodine Vićo, ako su naše priznanice sumnjive, nisu antidinastičke. Ne možeš tek uzeti naše priznanice pa ih poslati gospodinu ministru kao antidinastičke spise! Je l' tako? Nego slušaj ti mene, gospodine Vićo. Ovo je velika i važna stvar, od nas zavisi spas države, te se moramo ozbiljno uzeti u pamet. Jesu li svi činovnici ovde na okupu?

VIĆA: Svi su, samo je g. Žika „otišao u srez".

JEROTIJE: Eto ti sad, šta će u srez?

VIĆA: Nije otišao, nego napio se juče, a naši činovnici, kad se ko napije pa ne dođe ceo dan u kancelariju kažu obično „otišao u srez".

JEROTIJE: Taj mi često ide u srez. Razumem kad se napije pri kakvoj većoj licitaciji, pri kakvoj proceni za zajam kod Uprave fondova ili tako što; ali je on počeo u poslednje vreme da se napija i kod najsitnijih usluga koje vrši građanstvu. Izda nekom lažan stočni pasoš, napije se; natera nekog da plati dug koji ne priznaje, napije se. E, pa, brate, to ne vredi tako za sitne stvari. Zbog toga pati država, a treba i o tome koji put voditi računa.

VIĆA: Pa treba, dabome!

JEROTIJE: Kaži panduru Josi — u njega je dobar rasol — neka mu odnese jednu testiju, pa kad se rastrezni, neka dođe ovamo. A ostali?

VIĆA: Ostali su ovde.

JEROTIJE: Čim dođe gospodin Žika, neka dođu svi ovamo. Ne mogu tamo u kancelariji ni da razgovaram poverljivo. Naslone oni praktikanti uši na vrata, pa svaku šifru cela varoš odmah sazna. I koliko sam ih odučavao od toga pa, badava, ne pomaže ništa. Ajde, gospodine Vićo, čim dođe gospodin Žika, dođite svi ovamo da se razgovorimo i posavetujemo, jer stvar je ozbiljna i važna.

VIĆA: A kako bi bilo, gospodine kapetane, da još sad odmah pošaljem poverenika Aleksu da malo procunja po varoši?

JEROTIJE: Ne verujem da je to lice u varoši; ono se krije negde u srezu. Ali opet, neka vidi. Kaži mu neka zaviri gde god se može zaviriti. Po svima kafanicama. Neka ode i do one Kate kod gornjega bunara, i ona izdaje sobe za samce. Neka svrati i kod onoga gazda-Joce maloga — i to je kanda nekakav revolucionar; mogao ga je i on sakriti.

VIĆA: To onaj krojač ženskog odela?

JEROTIJE: Jeste on! Pre jednom, kad je dolazio da mu platim neki račun, pa ga ja izbacio iz kancelarije, digao je takvu dreku protiv vlasti da sam odmah primetio da je revolucionar. Nek vidi i kod njega.

VIĆA: Ne brinite, ume to Aleksa. *(Polazi.)*

JEROTIJE *(ispraćajući ga)*: Ajde, pa požuri, gospodin-Vićo.

VII

JEROTIJE, sam

JEROTIJE: „Plava riba"... Ja, plava riba, al' treba je upecati. Treba vešto nataći mamac, spustiti udicu u vodu, pa, mirno... ćutiš, ne dišeš... a tek plovak zaigra, a ti, hop!... Iskoči udica a kad pogledaš: na udici — klasa! Klasa, dabome! Prošlih izbora mi izmakla, ali mi sad majci neće izmaći. Pohapsiću pola sreza ako ne može drugače, pa ću onda rešeto, pa sej. Što je čisto, prođe kroz rešeto, a što je sumnjivo, ostane pa se praćaka kao ribica u mreži. A ja samo biram. *(Tobož vadi iz rešeta jedno lice):* „Ajde, golube, najpre tebe!" Stegnem ga za vrat, a on samo kmekne kao jare. Mora da prizna i ako mu se ne priznaje. — „Jesi li ti sumnjivo lice?" — „Jesam, gospodine, kako da nisam!" — „Tako te hoću, golube moj!", pa otrčim odmah na telegraf. *(Pokret kao da kuca u taster):* „Gospodinu Ministru unutrašnjih dela. U mojim je rukama vaše sumnjivo lice, u vašim je rukama moja klasa. Molim za hitnu razmenu!" Ja, tako ume Jerotije, nego!

VIII

JEROTIJE, MARICA

MARICA *(dolazi iz sobe)*: Jesi li sam, oče?
JEROTIJE: Nisam.
MARICA *(gleda)*: Nema nikoga?
JEROTIJE: Nisam sam kad ti kažem... Zauzet sam mislima... vrlo važne brige.
MARICA: Ja ne znam kakvu brigu imaš, ali ja moram govoriti s tobom još sad.
JEROTIJE: Ne mogu, nemam kad!

MARICA: Ako ne govorimo sad, biće dockan. Ja te molim da me saslušaš, jer ćeš se inače kajati.
JEROTIJE: Dobro, ajde govori, ali kratko i jasno. Kaži ime i prezime, godine starosti, mesto rođenja, jesi l' koji put osuđivana i zašto, i odmah pređi na izjavu.
MARICA: Slušaj, oče, ti znaš da sam ja već u godinama i da je red i dužnost roditeljska da me zbrinete.
JEROTIJE *(ne sluša je, već razmišlja za svoj račun)*: Treba poslati pandure u srez. Koliko imamo konjanika pandura? *(Broji na prste.)*
MARICA: Ja sam čekala sve dosad da vi tu svoju dužnost ispunite.
JEROTIJE *(sam sebi)*: A treba i raspis predsednicima...
MARICA: Pa vi mene i ne slušate?
JEROTIJE: Ne slušam. Eto, vidiš i sama da nemam kad da te slušam!
MARICA: Dobro, oče, al' znajte da ćete imati kad da se kajete...
JEROTIJE: Slušaj, sve što imaš reci ti tvojoj majci, a ja ovaj... pa vidiš valjda i sama da mi je ovolika glava od briga!... Lice... antidinastički spisi, plava riba, klasa, panduri, rasol za gospodina Žiku, pa onda fenjer, pa pop, pa klasa, raspis predsednicima opština... Sve se to, vidiš, meša u mojoj glavi i krcka... Ostavi me, ostavi me, molim te, ili... još bolje, sedi ti ovde, a ja ću tebe da ostavim. *(Odlazi desno.)*

IX

MARICA, zatim JOSA

MARICA *(sama)*: Ja ovo neću da trpim. *(Uzima sa stola tanjir na kome je ranije bila čaša s cvećem)*: Počeću da lupam sve po kući pa im se mora dosaditi. Drukče ne mogu izaći sa njima nakraj. I onako, kad bih što slučajno razbila, govorili bi mi: što lupaš kao da si zaljubljena? E pa evo, sad sam zaljubljena i sve ću odreda da razbijam. *(Baci tanjir na pod.)*

JOSA *(dolazi na zadnja vrata)*: Ovaj... Dođe maločas jedan dečko pa veli: gde je Josa pandur? A ja velim: ja sam Josa pandur! A on veli: evo ti ovo pismo! A ja velim: daj ovamo to pismo. A on veli: da daš u ruke gospođici, a ja velim...

MARICA *(ščepa mu pismo)*: Dobro, dobro, dobro!...

JOSA: Posle on veli...

MARICA: Dobro, čula sam! *(Uzbuđeno otvara pismo i čita potpis)*: Đoka! *(Glasno)*: Hvala ti, Joso!

JOSA: A ja onda njemu rekoh...

MARICA: Dobro, čula sam. Idi sad, Joso!

JUSA: Pa ići ću, dabome!

X

MARICA, zatim ANĐA

MARICA *(ushićena)*: Slatko ime, Đoka. Bože, kako sam uzbuđena! *(Čita)*: „Stigao sam, nalazim se u hotel „Evropi", soba br. 4, i ne izlazim nigde dok mi ti ne javiš. Čak ni gazdi od hotela nisam hteo reći ime svoje, da ne bih stvar odao. Kao što vidiš, postupio sam u svemu kako si ti želela. Grli te tvoj Đoka."

ANĐA *(ulazi sleva, pa kad sagleda polomljene sudove po zemlji, ona zastane na vratima)*: Maro, dete, ti si mora biti razgovarala s ocem o tvojoj udaji?

MARICA: Ko to kaže?

ANĐA: Pa eto polomljeni tanjiri i staklo...

MARICA: Majka, slatka majčice, 'odi da te poljubim. *(Ljubi je.)*

ANĐA *(iznenađena)*: Da me poljubiš? Šta je tebi, dete?

MARICA: Jednu reč da ti kažem samo pa ćeš sve razumeti.

ANĐA: Jednu reč?
MARICA: Đoka!
ANĐA: Pa šta?
MARICA: To što sam ti kazala — Đoka! *(Odjuri vesela u sobu iz koje je došla Anđa.)*
ANĐA *(gleda za njom i krsti se).*

XI

JEROTIJE, ANĐA

JEROTIJE *(dolazi iz kancelarije)*: Anđo, idi odavde i zatvori vrata, pa pazi dobro da niko ne prisluškuje.
ANĐA: Ama, šta je to danas?
JEROTIJE: Ne pitaj šta je, važno je! Pozvao sam sve činovništvo ovde na savetovanje.
ANĐA: Pa našto ti onda kancelarija?
JEROTIJE: Ne mogu, brate, tamo. Što god progovoriš u kancelariji, čuje cela čaršija. Moram ovde, sigurniji sam. Ajde, evo ih, zatvori dobro vrata.
ANĐA: Dobro! *(Odlazi i zatvara vrata.)*

XII

JEROTIJE, ČINOVNIŠTVO

JEROTIJE *(na druga vrata)*: Izvol'te, uđite. *(Ulazi Vića, Žika, Milisav i Tasa. Vića je suv i štrkljast, on ima neobično kratak kaput na struk, tesne, pripijene jahaće pantalone, čizme i na njima mamuze. Podšišanih je brkova i ima ćubu od kose nad čelom. Žika je dežmekast, a velike čupave glave, podbulih očiju i debelih usana. Na njemu visi izveštalo prljavo odelo, prsluk mu kratak tako da mu se* košulja pod njim vidi. Pantalone su mu gore vrlo široke, a dole uske i spale te se naborale. Gospodin Milisav je srednjeg rasta, ulickane kose i ufitiljenih brkova. Na njemu je bivša oficirska bluza sa rasparanim znacima i čojicama od kojih se trag još poznaje. On je vojnički kratko ošišan, a pantalone mu zategnute lastišom pod cipelom. Tasa je omalen, povijenih leđa, sedih brkova, ćelav. Na njemu dugačak izlizan redengot i prljave i iskrivljenih štikala cipele. Jerotije ih najpre premerava sve, pa onda počinje svečanim tonom): Gospodo, stvar je vrlo važna i ozbiljna... moramo svi... (Zaustavi mu se pogled na Žiki): Kako je tebi, gospodin-Žiko?

ŽIKA (odebljalim jezikom): Ja vršim svoju dužnost!

JEROTIJE: Tako, tako i treba! Moramo svi vršiti dužnost, jer stvar je ozbiljna... Stvar je, kako da kažem... da, gospodo, mi smo se ovde sabrali... upravo, ja sam vas pozvao, gospodo!... Gospodin-Vićo, brate, ti tako gledaš čoveka u oči kao da imaš nešto da mu kažeš, a to može zbuniti i najvećeg govornika.

VIĆA: Pa imao bih da vam kažem.

JEROTIJE: Šta?

VIĆA: Poslao sam već Aleksu.

JEROTIJE: Ako, dobro si učinio! Dakle, šta sam ono hteo da kažem. (Seti se): Ah, da! Deder ti, Taso, pročitaj ovu depešu. (Da mu): Gospodo, depeša je poverljiva, od gospodina ministra unutrašnjih dela!... Čitaj!

TASA (čita): „Plava riba, kljukana dinastija..."

JEROTIJE (trgne se i otme mu): Ama nije to, ko ti to dade? Gospodin-Vićo, ovo je trebalo uništiti. (Trpa u džep ovu, a vadi iz drugog džepa drugu hartiju i daje je Tasi): Ovo čitaj...

TASA (čita): „Strogo poverljivo."

JEROTIJE: Čuli ste gospodo, „strogo poverljivo". Taso, evo ti ovde pred svima kažem da ću ti noge prebiti ako odavde zađeš po čaršiji i istrtljaš šta si pročitao.

TASA: A!... Gospodin-kapetane!...
JEROTIJE: Nemoj ti meni „a gospodin-kapetane!" jer si ti, brate, za polić rakije kadar da istrućaš svaku državnu tajnu. A to ne valja. Jedna obična žena pa krije svoje tajne, a jedna država pa da nije kadra sakriti svoje. I to zbog jednog polića rakije. Ja, vidiš, još nisam kazao ovu tajnu svojoj ženi, a ti da je kažeš čaršiji. Ako te počem svrbi jezik, a ti uzmi četku od cipela pa ga pročeši, a nemoj ga češati na državni račun. Razumeš li?
TASA: Razumem!
JEROTIJE: Ovo su sve ukazna lica, a ja, vidiš, činim tebi čast, pa te zovem zajedno s ukaznim licima. Zašto? Zato što si već trideset godina ovde činovnik i što si star čovek. Pa nemoj onda... Ajd', čitaj dalje!
TASA *(čita)*: „Prema saznanju i tragu do sada uočenome, u tome se srezu nalazi izvesno sumnjivo lice koje nosi sobom revolucionarne i antidinastičke spise i pisma, sa namerom da ih prenese preko granice. Lični opis ovoga sumnjivog lica nepoznat je vlastima. Jedino se zna da je to mlad čovek. Učinite sve što je potrebno da se ovo lice u vašem srezu pronađe, spisi i pisma od njega oduzmu i pod jakom stražom u Beograd sprovede. Udvojte pogranične straže da bi mu se sprečio prelazak preko granice i, ako vam zatreba pomoći, obratite se u moje ime i susednim sreskim vlastima."
JEROTIJE *(za vreme čitanja posmatrao ih je važno)*: Jeste li čuli?... Jeste li čuli, gospodo? Uviđate li koliko je ovo važna stvar? Na nama je da spasemo državu; u nas, u ovome času, gleda i država i dinastija! *(Opšta tišina. On ih posmatra i, pošto prošeta dva-triput razmišljajući, nastavlja)*: Stvar nije prosta i moramo svi ozbiljno da razmislimo kako ćemo priteći državi u pomoć. Nije to da kažete hajduk, na primer, pa se dignemo, svi ovako, te hajd' na večeru kod predsednika opštine u ovo selo. Sutradan ostavimo gospodina Žiku da se ispava, a mi hajd' na ručak u drugo selo, kod drugog

predsednika opštine, pa se vratimo i pošaljemo depešu u Beograd: „Energičnom poterom ovosreske vlasti, hajduk taj i taj izmakao ispred potere u drugi srez!" Al' ovo je druga stvar, ovo je sumnjivo lice! A šta je to sumnjivo lice? Ajd', kaži, Taso, šta je to sumnjivo lice? *(Tasa sleže ramenima i gleda u ukazna lica):* Ne znaš, dabome! Sumnjivo lice to je prvo i prvo lice bez ličnog opisa, a drugo: to je lice koje je teško pronaći, a državni interesi zahtevaju da ga pronađeš! I kako da poznaš među tolikim licima koje je sumnjivo lice? Eto, ajd' kažite: je li gospodin Žika sumnjivo lice? *(Žika se buni):* Nije! Je li Tasa sumnjivo lice? *(Tasa se snishodljivo smeje):* Eto, promerite ga, molim vas, pa kažite: je li sumnjivo lice? To vam je, gospodo moja, kao na primer na pataricama: skupe se žene, deset, dvadeset, trideset žena; e, ajd' sad ti, ako možeš, poznaj koja je među njima nepoštena? Ne možeš da poznaš ni koja je poštena, a kamoli koja je nepoštena! *(Pauza, šeta):* E, pa, de sad, kažite vi meni, gospodo, kako mislite vi da postupimo u ovoj prilici? Šta, na primer, misliš ti, gospodin-Žiko?

ŽIKA *(on nije ni slušao govor kapetanov već se neispavan borio sa očnim kapcima koji mu jednako padaju):* Ja? Ja ne mislim ništa!

JEROTIJE: Kako ne misliš?

ŽIKA: Uhvatila me promaja, a mene kad uhvati promaja, ne umem ništa da mislim.

JEROTIJE: Ali tebe često hvata ta promaja, a to ne valja. Treba da se lečiš, trebalo bi da ideš u kakvu sumpornu banju. To su one banje što smrde na pokvarena jaja.

ŽIKA: Jeste.

JEROTIJE: Ja mislim, gospodo, prvo i prvo da se napiše jedan raspis svima predsednicima opština. To ćeš ti, gospodine Milisave, da napišeš!

MILISAV: Je l' strogo?

JEROTIJE: Strogo, nego šta? I da mi svršiš raspis sa onim: „Za svaku nemarnost po ovoj stvari odgovaraće mi lično predsednik." A oni tamo znaju da taj svršetak u mome raspisu znači dvadeset i pet u zatvorenom prostoru i bez svedoka. Razumeš li me, gospodine Milisave, hoću da napišeš tako da se predsednici opština, čim pročitaju raspis, počešu odostrag. Pa onda, gospodine Žiko, da se pošalju panduri konjanici u srez.

ŽIKA: Nek se pošalju!

JEROTIJE: Jeste, da se pošalju panduri konjanici na sve strane da prokrstare ceo srez, da zavire u svaki šumarak, u svaki tor, u svaku vodenicu. Nek se i panduri konjanici malo razmrdaju, i inače ništa ne rade do što idu po selima te zbiraju jaja za činovnike. Pa onda ti panduri zarađuju lepu paru i na švercu, pa je pravo da se i oni oduže državi.

MILISAV: Treba!

JEROTIJE: Mi treba, gospodo, da podelimo posao među sobom. Ti ćeš, gospodine Milisave, recimo, da napišeš raspis... dobro! Ti ćeš, gospodine Vićo, recimo, da primiš na sebe varoš... dobro! Ti ćeš, gospodine Žiko, recimo, da... *(Pogleda na dremljivog):* Spavaš!

ŽIKA: Jeste!

JEROTIJE: Ti ćeš, Taso, recimo, da prepisuješ raspise. Dobro! Al' ko će u srez? Treba neko da ide u srez!

ŽIKA *(gunđa nešto).*

JEROTIJE: Je l' kažeš nešto, gospodin-Žiko?

ŽIKA: Kažem... mogla bi gospođa kapetanica da ide u srez.

JEROTIJE: Eto ti sad. Kako može ona da ide u srez po zvaničnoj dužnosti?

ŽIKA: Nje se najviše boje predsednici opština.

JEROTIJE: Ono, da je ona stroga, to priznajem, ali što ne ide, ne ide. A ja ne mogu u srez, moram biti ovde; svaki čas može stići kakva nova depeša od gospodina ministra. Moram biti ovde. Nego, gospodine Žiko, kad bi ti mogao nekako da se razdremaš? Ovo je trenutak kad država traži od nas da svi budemo budni.

ŽIKA: Pa ja bih mogao... samo...

JEROTIJE: Samo bi zaspao u prvoj opštini i onda ko zna kad bi se probudio. Ovako, kad spavaš ovde u varoši, možemo te i probuditi ako zatrebaš. Ne ostaje ništa drugo nego da ti, gospodine Milisave, svršiš brzo raspis, pa da pođeš u srez!

ŽIKA: Jeste!

XIII

JOSA, PREĐAŠNJI

JOSA *(unosi jednu posetnicu i daje je Vići).*
JEROTIJE: Šta je?
VIĆA: Aleksa.
JEROTIJE: Gle, gle, ja nemam vizitkarte, a Aleksa ih ima.
VIĆA: Pa znate kako je... bio žandar u Beogradu, bio pred ministarskim vratima.
JEROTIJE: Daj ovamo da vidim! *(Uzima kartu i čita):* „Aleksa Žunjić, sreski špijun." *(Govori):* Pa je l' on lud? Otkud se javno kaže da je špijun?
VIĆA: On kaže, pre dok je krio nije mogao ništa da dozna, a sad mu svi kazuju jedan protiv drugog.
JEROTIJE *(Josi):* Gde je on?
TASA: Evo ga čeka.
VIĆA: On je procunjao kroz varoš; mora da je naišao na kakav trag čim se ovako brzo vratio.
JEROTIJE *(izdere se na Josu):* Pa šta čekaš, brate, pusti ga neka uđe.
JOSA *(ode).*

JEROTIJE: I ti, gospodin-Vićo, mesto odmah da ga zoveš, zapodeo si neke razgovore: te bio žandar u Beogradu, te štampao vizitkarte! A vreme prolazi i svaki je trenutak izgubljen za otadžbinu.

XIV

ALEKSA, PREĐAŠNJI

JEROTIJE, VIĆA, MILISAV *(jednovremeno kad Aleksa uđe)*: Šta je?
ALEKSA *(poverljivo)*: Tu je!
JEROTIJE *(zaprepašćen pred strašnim faktom)*: Lice?
ALEKSA: Onaj što ga tražimo!
SVI *(sem g. Žike)*: A-a-a?!
JEROTIJE *(zbunjen)*: Ama... sumnjivo lice?
ALEKSA: Onaj što ga tražimo! *(Svi se okupljaju oko njega.)*
JEROTIJE *(imitira ga)*: „Onaj što ga tražimo!" „Onaj što ga tražimo!"... Pa zar ti, majku mu, u ovako ozbiljnim momentima, ne umeš ništa više da kažeš?
ALEKSA: Pa eto to, šta imam drugo da kažem?
JEROTIJE: Gde je?
ALEKSA: U kafani „Evropi", jutros je stigao.
JEROTIJE: Jutros? Ovaj... šta sam ono hteo. Deder ti, brate, odgovaraj meni po redu, nemoj tako „jutros je stigao". Dakle, prvo i prvo... *(Zbuni se)*: Šta sam ono hteo, gospodine Vićo, prvo da pitam?
VIĆA: Kad je stigao?
JEROTIJE: Ama, pitao sam to! A, jest! Taso, deder čitaj depešu.
TASA *(čita)*: „Prema saznanju i tragu dosad uočenom..."
JEROTIJE: Preskoči to! Odavde, evo, odavde čitaj!
TASA *(čita)*: „Lični opis ovoga sumnjivog lica nepoznat je vlasti, jedino se zna da je to mlad čovek."

JEROTIJE: Čekaj! Dakle, je l' mu znaš lični opis?
ALEKSA: Ne znam!
JEROTIJE: Ono, nije ni potrebno, pošto je lični opis i inače nepoznat vlastima. A je li mlad?
ALEKSA: Jeste!
JEROTIJE: Mlad?... Je l' znaš sigurno da je mlad?
ALEKSA: Pa jeste, mlad je!
JEROTIJE: Dobro, onda dalje... *(Činovnicima):* Pa pripitajte ga i vi štogod; ja već ne umem da se setim šta još da pitam.
VIĆA *(Aleksi)*: Po čemu si ti posumnjao da je taj mladić sumnjivo lice?
JEROTIJE: Dabome, po čemu si posumnjao?
MILISAV: Jesi li razgovarao s njim?
JEROTIJE: Dabome, jesi li razgovarao s njim?
ALEKSA: Evo, ako hoćete, sve po redu da vam kažem.
JEROTIJE: Pa tako, brate! Razume se da treba sve po redu da nam kažeš. Ja ne znam i šta ste ga okupili sa tim pitanjima pa samo zbunjujete čoveka.
ALEKSA: Probudim se ja jutros rano. Pokvaren mi sat pa ne znam koliko je bilo, al' biće da je bilo pet, pola šest. Može biti i više, al' više od šest nije bilo. Probudim se tako i osetim nešto kao da mi ne valja stomak. Jeo sam pre neki dan neki spanać sa ovčetinom, pa od to doba kao nešto ne valja mi stomak. Zavija me tako i diže me po dva-tri puta na noć, te rekoh da uzmem malo stare komovice sa kičicom...
JEROTIJE: Uha, di si ti zapeo! Pa onaj će, bre, da pobegne dok ti to sve ispričaš. Govori, brate, brže!
VIĆA: Kraće!
MILISAV: Zamisli da si na saslušanju!
JEROTIJE: Dabome, govori kao da si na saslušanju.

ALEKSA *(zapne kao đak naučenu lekciju)*: Zovem se Aleksa Žunjić, po zanimanju sam špijun, imam 40 godina, nisam suđen ni osuđivan, sa optuženim nisam ni u kakvom srodstvu...
JEROTIJE *(stavlja mu šaku na usta)*: Ama čekaj, brate! E, jes' ovo ludo, za ceo srez je ludo.
VIĆA: Počni odande kad sam te ja poslao u varoš da procunjaš.
JEROTIJE: Odatle, dabome!
ALEKSA: Ako je odatle, onda je lako. Pođem ja po naredbi gospodin-Vićinoj prvo da obiđem sve gostionice...
VIĆA: Pa svega je jedna u celoj varoši.
JEROTIJE: Ama, ne prekidaj ga!
ALEKSA: Jest, kako je svega jedna gostionica u varoši, to prvo odem u nju, odnosno u „Evropu." Zapitam gazdu: ima li ovo dva-tri dana kakva putnika, a on veli: ima tri nedelje kako mu nikakav putnik nije prekoračio prag.
JEROTIJE: Ja ne znam kog bi đavola i tražili putnici ovde?
ALEKSA: Pa onda... uh, eto, zaboravih gde sam stao!
JEROTIJE: Pa dabome! Ama kažem ja vama ne prekidajte ga. Stao si: kako već tri nedelje nijedan putnik nije prekoračio prag.
ALEKSA: Jeste! I taman ja da pođem, a gazda se priseti, veli: od jutros...
JEROTIJE: Aha, aha?...
ALEKSA: Veli, od jutros je stigao jedan.
JEROTIJE: Od jutros, dakle. Gospodo, upamtite, od jutros!
ALEKSA: Pitam gazdu: kako mu je ime? Gazda veli: ne zna. Kad je pitao, on nije hteo da kaže ime.
JEROTIJE: Aha, tu smo! Nije hteo da kaže ime. Upamti to, g. Vićo!
VIĆA: To je vrlo sumnjivo!
MILISAV: To je on!
TASA: On je!

ALEKSA: Pitam ja: je l' izlazio gde, je li govorio s kim, šta je radio? Gazda veli: zavukao se u sobu pa nigde ne izlazi.

JEROTIJE: Aha!

VIĆA: Aha!

MILISAV: Aha!

TASA: Aha!

ALEKSA: Hteo sam da uđem kod njega pa rekoh: bolje da mu ne padne u oči! Otišao sam samo do vrata, prislonio uvo i slušao; čujem — mrda.

JEROTIJE: Mrda?

ALEKSA: Jest, mrda! Pa rekoh, ajde da ja brže bolje javim vama.

JEROTIJE: Gospodo, on je!

VIĆA: A ko bi drugi mogao i biti?

MILISAV: Jutros stigao, mlad, neće da kaže ime, sakrio se u sobu...

JEROTIJE: I mrda!...

TASA: Ala ga brzo uhvatismo!

JEROTIJE: More, to je ono što ga još nismo uhvatili.

VIĆA: I može nam još i umaći.

JEROTIJE: Pa može, dabome, kad ovaj zapeo pa mi priča kako ga zavija stomak i kako ga diže noću. Ajde, govorite, kako ćemo? Moramo biti obazrivi, jer takvi se ljudi ne predaju lako; on će da se brani i — pucaće.

VIĆA: Hoće!

JEROTIJE: Deder, gospodine Milisave, ti si bio podnarednik u vojsci; deder ti napravi plan. Ajde, pokaži se!

MILISAV *(važno, Aleksi)*: U kojoj je sobi?

ALEKSA: Soba broj četiri.

MILISAV *(razmišlja najpre, zatim uzme štap od Alekse i kazujući plan povlači štapom po podu)*: Ja mislim ovako: da gospodin Vića sa Ristom pandurom primi na sebe desno krilo i da krene odavde, kroz Milićevo sokače, pa kroz Miletinu baštu, da izbije s one strane

„Evrope." *(Svi prate pažljivo i idu za Milisavom gledajući u vrh štapa):* Ja ću sa Josom da primim levo krilo i udariću na knez-Jevtin bunar, kraj Mila papudžije, pa ću izbiti iza opštinskog kantara, te s ove strane „Evrope". Vi ćete, gospodine kapetane, biti centar...
JEROTIJE *(preplaši se)*: Ko centar?
MILISAV: Vi!
JEROTIJE: Taman! Pa u mene da gađa onaj, je li?
MILISAV: Ama ne, nego vi ćete držati sredinu. Sa vama će poći Tasa.
JEROTIJE: Tasa? Ala mi izabraste vojsku.
VIĆA: Bolje je, gospodine kapetane, neka pođe s vama. Ne zato što bi vam bio od pomoći, nego da ne ostane u kancelariji, jer će pobeći i sići u čaršiju te razglasiti sve.
TASA: Neću, bogami!
JEROTIJE: Hoćeš! Znam te! Nego ćeš ti sa mnom — centar!
MILISAV: Vi ćete da siđete pravo čaršijom.
JEROTIJE: I onako, praviću se kao da sam pošao na pijacu. A ti *(Tasi):* da ne mrdneš od mene.
MILISAV: Kad tako opkolimo „Evropu" sa svih strana...
JEROTIJE: Bre, bre, bre, čitavu „Evropu" će da opkolimo! Pa onda?
MILISAV: Onda moramo izvršiti napad.
JEROTIJE *(prepadne se)*: Kakav napad?
MILISAV: Kad stignemo svi na svoja mesta, vi ćete, gospodine kapetane, da nam date znak zviždanjem.
JEROTIJE: E, to ne mogu!
MILISAV: Zašto?
JEROTIJE: Ne umem!
MILISAV: Šta ne umete?
JEROTIJE: Ne umem da zviždim, nije mi bog dao dara za to. Umem tako kad vabim psa, ili kad zviždim ćuranu, ali kad dođe

tako neka opasnost, a meni se nešto stegne ovde, pa naprćim usnice i samo duvam, ali ne izlazi nikakav glas.

MILISAV *(Tasi)*: Umeš li ti da zvizneš?

JOSA: Umem, gospodine Milisave.

MILISAV: E, evo, Tasa će da zviždi.

JEROTIJE: Jest, on nek bude zviždaljka, da bar i od njega bude neke fajde.

VIĆA: Dobar je ovaj Milisavljev plan, gospodine kapetane!

JEROTIJE: Bre, gospodine Milisave, gde bi ti bio kraj da si ostao u vojsci pa da osvajaš tako Evrope. Ovaj plan ti pare vredi. Samo, ne reče šta ćemo sa g. Žikom? *(Potraži ga i vidi ga na stolici kako spava):* Znaš šta, nek ostane ovde kao rezerva.

ALEKSA: A ja da pođem napred pa da se nađem tamo.

JEROTIJE: I da prislušaš malo, šta će na sve to da kaže građanstvo... Ako ko gunđa štogod, zabeleži mu samo ime, jer građanstvo treba da zna da država ne trpi gunđanje u ovako ozbiljnim trenucima. *(Ostalima):* E, pa ajde sad, gospodo, samo hrabro i pametno. Taso, pričekaj me na kapiji! *(Svi se povlače u kancelariju, sem Žike koji ostaje spavajući.)*

XV

JEROTIJE, ANĐA, MARICA

JEROTIJE *(na levim vratima)*: Anđo, Marice!

ANĐA *(jednovremeno sa Maricom na vratima)*: Šta je?

JEROTIJE: Dajte mi kačketu i pištolj!

ANĐA: Šta će ti pištolj, čoveče?

JEROTIJE: Daj kad ti kažem!

MARICA: Ama što nam ne kažete?...

JEROTIJE *(razdere se)*: Daj kačketu i pištolj, strogo vam kažem. Razumete li vi šta je to strogost?
ANĐA I MARICA *(povlače se u sobu)*.
JEROTIJE *(šeta uzbuđeno govoreći sam sa sobom)*.
ANĐA *(i za njom Marica, dolaze noseći jedna kačket, a druga pištolj)*: Ama, čoveče, šta će ti pištolj?
JEROTIJE *(meće kačket na glavu, a pištolj u zadnji džep kaputa)*: Pst! Ja sam danas centar.
ANĐA: Šta si ti?
JEROTIJE: Centar!
ANĐA *(prekrsti se)*: Budi te bog s nama i majko božja! Pa dobro, a što će ti pištolj?
JEROTIJE: Idem u lov!
MARICA: U lov?
JEROTIJE: Jeste!
ANĐA: Ama šta je tebi, šta govoriš, boga ti?
JEROTIJE? Upamti, idem u lov na — klasu! *(Ode.)*
ANĐA I MARICA *(gledaju dugo ubezeknute za njim; utom gospodin Žika strahovito zahrče, one ciknu i pobegnu u sobu)*.

DRUGI ČIN

Pisarska soba u srezu. U dnu vrata koja vode spolja, sleva (napred) vrata koja vode u praktikantsku sobu, a zdesna (u dubini) vrata koja vode u kapetanov privatan stan. U uglu, iza ovih vrata, limena peć od koje čunak ide najpre pravo ka publici, uza zid, pa se nad stolom g. Žikinim previja u koleno i polazi levo te probija zid nad vratima praktikantske kancelarije. Desno od zadnjih vrata, kraj zida, stara drvena klupa i na njoj masa akata koja su s jedne i druge strane poduprta po jednom ciglom. Nad klupom slika kneza Milana Obrenovića, pod njom neka proklamacija i sa strane nekolike pisane naredbe izlepljene na zid. Dužinom levoga zida rafovi i u njima fascikule. Na svakoj veliko „F" i razni brojevi. Ispred tih rafova sto i na njemu grdna knjižurina (registar) i delovodni protokol. Registar otvoren i uzvišen gornjom stranom na jednu cepanicu sa drvljanika. Po stolu još i gomila akata. To je sto g. Milisava pisara, a onaj desno, sasvim napred, sto je g. Žike pisara i na njemu je još veća gomila akata, pritisnuta komadima od cigle.

Kancelarija uopšte prljava. Po podu hartije, ljuske od jabuka itd. Na zidovima vise neke izbledele hartije, kaputi, metlice, i razni predmeti.

Pri otvaranju scene g. Milisav stoji na svome stolu, skidajući jednu fascikulu iz najgornjih redova. G. Žika sedi za svojim stolom, bez kragne, raskopčana prsluka i drži hladnu krpu na glavi.

I

MILISAV, ŽIKA, JOSA

ŽIKA *(ispija krčag vode, pa kad ga je ispio, dodaje ga Josi, koji stoji kraj stola)*: Na! Ima li koji da čeka?
JOSA: Ima.
ŽIKA: Količina su?
JOSA: Ima ih tako pet-šest.
ŽIKA: Uh! Da bog sačuva, navikao se ovaj svet da se obesi vlasti o vrat, pa to ti je! Puštaj!
JOSA *(odlazi)*.

II

MILISAV, ŽIKA

MILISAV *(koji je otvorio fascikulu, dreši je polako)*: Mora da je bilo ovogodišnje vino?
ŽIKA: Zašto ovogodišnje?
MILISAV: Pa eto, već drugu si testiju vode ispio od jutros.
ŽIKA: Nije, dobro je vino bilo, nego mnogo, mnogo, brate.

III

MILADIN, PREĐAŠNJI

MILADIN *(ulazi ponizno gužvajući šubaru u ruci)*.
ŽIKA *(mrzovoljan)*: Šta je?
MILADIN: Došao sam, gospodine!
ŽIKA: Vidim da si došao. Ajd' kazuj, šta hoćeš?
MILADIN: Pa ti znaš, gospodine Žiko!
ŽIKA: Ne znam ja ništa.

MILADIN: Pa... došao sam za pravdu, gospodine!
ŽIKA: Došao za pravdu. Kao da sam ja pekar pa pečem pravdu. Ti misliš tako to, dođeš samo na tezgu: daj pravdu, a ja otvorim fioku pa: izvol'te, molim lepo!
MILADIN: Pa ja velim... zakon.
ŽIKA: Ostavi ti zakon na miru; zakon je zakon, a ti si ti. Je li ti što rod zakon, možda kum, stric ili ujak?
MILADIN: Pa nije, gospodine!
ŽIKA: Pa što ga potežeš kao da ti je rođeni ujak?! Zakon nije napisan za tebe, nego za mene da znam koliko da ti odrežem. Je l' razumeš?
MILADIN: Razumem! Al' velim...
ŽIKA: Je l' imaš ti kantar u dućanu?
MILADIN: Imam, gospodin-Žiko!
ŽIKA: E, vidiš, imam ga i ja. Zakon, to je moj kantar. Metnem na kantar tvoju molbu, jali tužbu, pa s druge strane metnem jedan paragraf. Ako je malo, ja metnem još jedan, ako je malo i to, ja metnem jednu olakšavnu okolnost, pa ako nagne jezičak na drugu stranu, ja dodam jednu otežavnu okolnost. Ako opet neće da prevali na tvoju stranu, a ja, prijatelju si mi moj, udarim malo jezičak malim prstom, a kantar hop, pa prevali na tvoju stranu.

MILISAV *(razvio za to vreme fascikulu i tražio po njoj nešto ljuteći se što ne može da nađe. Uređuje opet fascikulu, vezuje je i penje se na sto pa je stavlja na svoje mesto, a skida drugu te nju razvija na stolu i traži).*

MILADIN: Pa to, znaš, ja i mislim.
ŽIKA: Šta misliš?
MILADIN: Da udariš malim prstom.
ŽIKA: A, to bi hteo? Pa znam te onda, ptico, i zašto si došao. Hoćeš po drugi put da naplatiš od nekoga dug!
MILADIN: Nije, bogami, nego prvi put.

ŽIKA: More, kako prvi put! Da je prvi put, ne bi tebi trebao moj mali prst.
MILADIN: Bog mi je svedok, gospodin-Žiko!
ŽIKA: Imaš li ti nekog sigurnijeg svedoka nego što je bog?
MILADIN: Nemam. Al' ja najviše na tebe računam, gospodin-Žiko. Rekoh, ako te kao čoveka zamolim...
ŽIKA: E, moj brate, ti misliš to tako, da me zamoliš. Je l' tako radiš ti u tvom dućanu? Dođe neko pa kaže: „Došao sam, gazda Miladine, da te zamolim da mi daš oku kafe!" A ti mu daš, je li?
MILADIN: Pa ono je espap.
ŽIKA: A nauka nije espap, je li? Ko će da plati meni moje školovanje? Deset godina sam ja proveo u školi. Da sam na robiji toliko godina proveo, ja bih naučio kakav zanat. I to, nisam ja učio kao što današnja mladež uči — godinu dana, pa hajd' u stariji razred. Nego se ja, gospodine moj, nisam micao iz razreda, po godinu-dve, pa i tri ako hoćeš, sve dok nisam ispekao nauku. A ti sad hoćeš tako?... Ajde, gospodin-Žiko, makni malim prstom!...
MILADIN: Ja velim, gospodin-Žiko, da ti učiniš tvoje a... ja već znam moje. Ima, znaš, ona, ona tvoja hartija kod mene...
ŽIKA: Uh, majku mu, i jest velika stvar. Dužan sam ti sto dinara, pa okupio svaki dan: ona hartija kod mene, ona hartija kod mene...
MILADIN: Nikad ti, gospodine Žiko, nisam pomenuo dosad.
ŽIKA: Nemoj nikad više u životu ni da pomeneš. *(Zvoni.)*
MILADIN: Neću, gospodin-Žiko!
ŽIKA: Deder, govori, zašto si došao?
MILADIN: Pa evo šta je: neki Josif iz Trbušnice...
ŽIKA: Znam Josifa. *(Opet zvoni.)*
MILADIN: Pa taj Josif tako češće uvraćao do mene u dućan pa...
ŽIKA: Ona stoka Josa opet nije pred vratima! Slušaj, prijatelju, iziđi napolje na bunar pa mi ukvasi ovu krpu, pa posle natenane da te saslušam.

MILADIN: Hoću, gospodin-Žiko. *(Uzme krpu i pođe.)*
ŽIKA: Al' izvadi svežu vodu.
MILADIN: Hoću, gospodin-Žiko!

IV

ŽIKA, MILISAV

MILISAV *(koji je rasuo svu fascikulu)*: E, ovo je strašno; ovo je već prevršilo svaku meru!
ŽIKA: Koje?
MILISAV: Pa, brate, ja ne znam kakva je ovo zemlja kad u samoj policiji mogu da pokradu policijskog pisara.
ŽIKA: Ama koga pokrali?
MILISAV: Ja držim, znaš, svoj veš ovde, u fascikuli, pa eto nema mi novih novcatih čarapa.
ŽIKA: A što u fascikuli?
MILISAV: Ovde mi je zgodno, niko ne zna. Pa, eto, opet ukrali!
ŽIKA: Pa dabome, kad ne držiš veš kod kuće, kao sav ostali svet.
MILISAV: Ama kod kuće još gore, zato ga i ne držim tamo.
ŽIKA: Potkrada te gazdarica?
MILISAV: Ne potkrada, nego znaš, ja i Tasa praktikant sedimo u istoj sobi.
ŽIKA: Pa hoće valjda da makne?
MILISAV: Neće, ali navuče, pa kad isprlja opet ostavi, a ja plaćam pranje. A kad navuče nešto, ne skida po mesec dana. Eto i sad, dohvatio mi nove novcate gaće.
ŽIKA: Što mu ne skineš pa da ide go!
MILISAV: Ne mogu, nemam to srce! Vidim nema, pa mi ga žao!
ŽIKA: E, pa tako ti je to! Kad imaš srce... ne možeš da imaš gaće.

V

MILADIN, PREĐAŠNJI

MILADIN *(donosi ukvašenu krpu)*: Evo, gospodin-Žiko! *(Da mu je pa nastavlja)*: Pa taj Josif iz Trbušnice uvraća češće kod mene u dućan — kao čovek, dabome...

ŽIKA: Bre, baš si ti neka stoka, gazda-Miladine. Pa ti ovo nisi iscedio. Doneo si toliko vode kao da ću da se kupam. Izađi molim te napolje, pa iscedi tamo u avliji... Ajde, blago meni, pa posle da te saslušam natenane.

MILADIN: Hoću, gospodin-Žiko. *(Odlazi.)*

VI

ŽIKA, MILISAV

ŽIKA *(zadubio se u akta)*: Nikako ne mogu da mu uhvatim ko je ovde pobacio? Ovi praktikanti još ne umeju ljudski da saslušaju. Iz ovoga, brate, izlazi da Ljubica Pantić dostavlja Gaju Jankovića da je nasilno pobacio.

MILISAV *(popeo se na sto te ostavlja fascikulu na svoje mesto)*: Da ne bude Kaja Janković?

ŽIKA *(zagleda)*: Bogami, tako će i biti... jest, tako je, Kaja Janković. Jeste! Ali, brate, ovo K i ne liči na slovo nego na đeram, ili na veslo, ili na opštinski fenjer... Đavo će ga znati na što liči. A neka sitna slova k'o dramlije.

MILISAV: I igraju valjda?

ŽIKA: Pa igraju, dabome. Čitava ona gazda-Mitrova dvokatnica pa mi igra od jutros, te neće slova.

MILISAV: Dokle ste pili?

ŽIKA: Do šest jutros. I toliko sam se puta zakleo da ne pijem vruću rakiju na vino, pa ne možeš. Što ti je život, majku mu, čovek nije kadar ni zakletvu da održi a kamoli što drugo! *(Iz praktikantske sobe izleti lenjir, zatim upijač i čuje se otud graja):* Hej, šta je tamo! Oni se praktikanti opet tuku! Idi, tako ti boga, Milisave, pa im ti malo vojnički podvikni!

VII

TASA, PREĐAŠNJI

TASA *(utrči i skuplja bačene stvari)*: Molim te, gospodine Žiko, da mi oprostiš!

ŽIKA: Ama šta da ti oprostim, kako da ti oprostim! Je l' ovo državna kancelarija ili nije, i treba li ovde da vlada red ili ne treba? Na vašarište, pa se rvite, a ne ovde! Ko se to gađao državnim stvarima?

TASA: Ja, gospodine Žiko!

ŽIKA: Bre, matori magarac, pa...

TASA: Ja te molim, gospodin-Žiko, da mi oprostiš, ali ovo se više ne može izdržati. Pre tri dana su mi metali iglu u stolicu pa sam ripnuo tri aršina uvis; prekjuče su mi namazali šešir mastilom iznutra, pa sam se sav umrljao — eto, još se nisam isprao kao čovek. Juče su mi opet metli na stolicu četiri đačka jeksera za crtanje, okrenuli vrškove na gore, a ja seo i opet se iskrvavio. Ne, bogami, gospodin-Žiko, ovo se ne trpi više! Ja mogu slobodno reći da krvavo zarađujem svoj hleb.

ŽIKA: Ništa to nije! Sipaj u lavor hladne vode, sedi malo pa će da prođe. Praktikant si, brate, pa moraš i da trpiš. Misliš ti, ja kad sam bio praktikant da nisam patio? Još kako! Sedao sam ja i na plavi plajvaz, ali mi je podmetnuo sekretar, pa mi je bilo milo iako me svrbilo deset i više dana.

TASA: Pa ne marim ja kad se ti našališ sa mnom, gospodin-Žiko! Eto, pre, kad si mi registrom razbio glavu, ja sam se iskidao od smeja. Ali ne trpim one, mlađi su od mene.

ŽIKA: Šta ćeš, brate, nema kancelarije u kojoj to ne biva. Kako bi drukče prošlo vreme? Dođeš ujutru u osam pa do podne, pa onda u tri po podne pa do šest, ne izbijaš iz kancelarije. Pa kako drukčije da se ubije vreme ako se stariji sa mlađima i drug sa drugom ne pošali. Ali zato, brate, ne moraš da se gađaš državnim stvarima.

TASA: A danas, gospodin-Žiko, ukvasili oblande pa naređali po stolici, a ja seo pa se sav ulepio. Evo da vidiš ako ne veruješ. *(Nagne se prema gospodin-Žiki i digne peševe od kaputa te mu se vidi zadnjica sva ulepljena crvenim kancelarijskim oblandama.)*

ŽIKA *(plane, skoči sa stolice i gađa ga aktima koja su mu se zatekla na stolu)*: Pokaži ti to svojoj ženi, magarče matori!

TASA: Izvini, gospodin-Žiko, molim te! *(Skuplja sa poda akta kojima ga je Žika gađao i zagleda ih)*: Gle, pa evo ih, akta Perićeve intabulacije. Otkad ih tražim, čoveku prošao rok za žalbu zbog toga što se izgubila akta.

ŽIKA: A ti drugi put, ako hoćeš da kome ne prođe rok za žalbu, nemoj da mećeš akta na moj sto. Ne meći mi na sto ništa što ima roka, razumeš? Ne volim rokove, upamti to! Ajde marš!

TASA *(odlazi sa skupljenim aktima)*.

VIII

MILADIN, PREĐAŠNJI

ŽIKA *(počne da radi pa tresne akta)*: Neka ide do đavola i ova Kaja! Šta me se tiču tuđa deca! I onako mi pršte glava.

MILADIN *(unosi isceđenu krpu)*: Evo, gospodin-Žiko!

ŽIKA: Bre, pa ti kao da si išao da iscediš krpu u Atlanski okean. Već sam i zaboravio za tebe. Daj ovamo! *(Uzima krpu i obavija je sebi oko glave.)*

MILADIN *(nastavlja kazivanje)*: Pa taj Josif, iz sela Trbušnice, uvraća tako češće kod mene u dućan...

IX

KAPETAN JEROTIJE, PREĐAŠNJI

JEROTIJE *(ulazi spolja pod kapom)*: Je l' nije tu gospodin Vića?
MILISAV: Nije!
JEROTIJE: Dabome da nije kad uvrti sebi u glavu da nađe saučesnike. Šta će mu saučesnici, da ga pita čovek? Traži se lice i traže spisi a ne... *(Spazi Miladina)*: Je l' ovaj gazda Miladin ima neka važna posla kod tebe, gospodin-Žiko?
ŽIKA: Nema, može i da priček. *(Miladinu)*: Izađi ti, gazda-Miladine, pa kad ode gospodin kapetan, dođi da nastavimo.
MILADIN: Razumem, gospodin-Žiko! *(Ode.)*

X

PREĐAŠNJI, bez MILADINA

JEROTIJE *(Milisavu)*: A jesu li tu u fioci spisi što su nađeni kod onoga?
MILISAV: Ovde su.
JEROTIJE: Dobro ih čuvaj, otvori četvore oči. A je l' ti tu poverljivi protokol?
MILISAV: Jeste, gospodine kapetane.
JEROTIJE: Deder, izvadi ga! *(Milisav vadi iz fioke jedan protokol)*: Zavedi! *(Milisav umoči pero i očekuje)*: „Kapetan ovoga sreza,

gospodina ministra unutrašnjih dela izveštava depešom da je u svome srezu pronašao i pritvorio lice koje je poverljivom depešom od 7. ovog meseca traženo. Spisi nađeni pri njemu oduzeti su i zajedno sa dotičnim licem biće pod strogom stražom sprovedeni u Beograd. Sveza Pov. U. broj 4742." Jesi zapisao?

MILISAV: Jesam.

JEROTIJE: Koji ti je broj?

MILISAV: Pov. 117.

ŽIKA: Ama zar vi još niste telegrafisali gospodinu ministru?

JEROTIJE: Pa nisam, dabome, kad onaj gospodin Vića okupio: čekajte da vidimo ima li i saučesnike pa onda da javite. I evo, čitava dva sata prošlo kako je u apsi, čitava dva sata kako smo spasli državu, a ja o tome ne izveštavam ministra. Idem ovaj čas na telegraf, poneo sam šifre pa ću tamo napisati. Moram lično, jer ovaj naš novi telegrafista, kad je trezan, kuca kao Singerova mašina, a kad provede noć sa gospodinom Žikom, pa vidi šifrovanu depešu, a on pljune kao da si mu, bože me prosti, ne znam šta pogano pokazao. I onda, razume se, mesto šest, otkuca devet, mesto četiri, sedam, i napravi uopšte takvu zbrku da je ne možeš do smrti razrešiti. Vratiću se ja. *(Pođe pa se kod vrata seti i vrati se):* A jes', bogami: recite gospodin-Vići, čim dođe, neka izvede onoga iz apse i neka otpočne saslušanje. Nek svrši, znaš, dok ja dođem, ono: kako se zoveš, odakle si, jesi li osuđivan i tako te stvari. Posle ću ja već nastaviti...

MILISAV: Kako, zar nećete vi to lično, gospodine kapetane?

JEROTIJE: Ama hoću, samo opet, nek on počne.

ŽIKA: A što, možemo vas i pričekati.

JEROTIJE: Možete me i pričekati, al' bolje je neka počne. Znaš te nihiliste, vrlo su vešti da sakriju bombu. Pretreseš ga do gole kože — nema ništa; izvedeš ga na saslušanje i učtivo ga zapitaš: kako se zoveš, a on, u odgovor na to pitanje, bombu pa — buuu!... Ode i kapetan i sve sresko osoblje u vazduh. A neko tek mora da nastavi istragu i da izvesti gospodina ministra o događaju. Zato, znaš, počnite vi, pa ako vidim da onaj ništa ne baca, eto mene!

ŽIKA: A mi... onako!... *(Pokazuje gestom prevrtanje po vazduhu.)*

JEROTIJE: Može biti neće baciti ništa, ali bolje je biti obazriv! A ovaj... ne zaboravite reći gospodin-Vići da pozove i dva građanina kao prisutnike, jer stvar je krivična, pa se ne može bez dva prisutna građanina isleđivati. Tako mu recite i neka počne odmah, neka ne čeka mene, ja moram da pošljem depešu. *(Ode.)*

XI

ŽIKA, MILISAV

ŽIKA: Bre, ala se prepao kapetan.
MILISAV: A tek da si ga video jutros.
ŽIKA: Kad jutros?
MILISAV: Pa kad smo napali „Evropu".
ŽIKA: E? A kako je bilo, boga ti? I ne pričaš mi?
MILISAV: Kako? Badava mu ja napravim najlepši plan — što kažu, i sam bi mi Bizmark čestitao — kad se ne izvede sve kako je naređeno. Eto, sam kapetan, nije ni došao na lice mesta. Ko bajagi zagovorio se usput.
ŽIKA: A jeste li svi odjedanput upali u sobu?
MILISAV: Jok! Prvo, kapetan nije ni stigao na lice mesta...

XII

MILADIN, PREĐAŠNJI

MILADIN *(uvlači se lagano u kancelariju).*
ŽIKA *(i ne obraćajući pažnju na Miladina)*: A Vića?
MILISAV: I ja i gospodin Vića stigli smo u isto vreme.

MILADIN *(koji je prišao stolu Žikinom)*: Ovaj... gospodin-Žiko, otišao je gospodin kapetan.

ŽIKA: Znam da je otišao, pa šta?

MILADIN: Pa to, znaš, gospodin-Žiko, kako ti rekoh, taj Josif iz Trbušnice, uvraćao je tako kao čovek u moj dućan, pa...

ŽIKA: E, jesi čuo, baš si ti nekakav neučtiv čovek! Vidiš da se dva činovnika razgovaraju, a ti tvoga Josifa iz Trbušnice. Kako to, oca mu, ne pomisliš malo: ovi činovnici padoše s nogu radeći, pravo je da se odmore i da kao ljudi progovore reč-dve.

MILADIN: Pa ja...

ŽIKA: Šta: „pa, ti"? Čekaj, brate! Neće taj tvoj Josif da se istopi za dan-dva, niti će Trbušnica da se raseli. Čekaj! Gde si čekao dosad, čekaj još koji dan.

MILADIN: Pa ja velim...

ŽIKA: Ama nema šta ti da veliš, nego izađi napolje dok svršimo razgovor, pa ću da te zovem posle, te natenane da te saslušam.

MILADIN: Velim, znaš, već tri meseca zbog toga dolazim.

ŽIKA: Pa tri meseca, nego! A šta bi ti hteo, da svršiš valjda stvar za tri dana. Dete jedno od kile mesa pa ga čekaš devet meseci, a ti bi hteo da ti tvoga grmalja iz Trbušnice dam za tri dana. Ti misliš, pravda, to je tako, uzbere se kao zrela kruška. Pravda, to je strpljenje, upamti to, pa nemoj da nasrćeš na pravdu kao june, nego čekaj, brate!

MILADIN: Pa ja čekam već...

ŽIKA: E, da čekaš još. Da umreš, bre, pa da dođeš pred rajska vrata, pa bi ti onaj tamo morao kazati: čekaj... ako je samo tamo na nebu uređena administracija i ako ima nekog reda... Ajd', izađi napolje dok svršimo razgovor, pa ću te ja zvati.

MILADIN: Dobro! *(Odlazi.)*

XIII

ŽIKA, MILISAV, JOSA

ŽIKA: Pa onda? *(Zvoni.)*
MILISAV: Ja i gospodin Vića uđemo sami.
JOSA *(javlja se na vratima).*
ŽIKA: Ne pušćaj više nikog!
JOSA *(povlači se).*
MILISAV: Steglo nam se srce, znaš već kako je, i jednako šapćemo i dogovaramo se. Ja predlažem da ponesemo jedan džak pa da ujedanput upadnemo u sobu i da mu nabijemo džak na glavu. Gospodin Vića predlaže da napunimo šake alevom paprikom, da upadnemo u sobu pa da mu saspemo alevu papriku u oči. Taman se mi tako dogovaramo, a dođe sobarica pa kaže: „More, ne bojte se, pitom čovek kao jagnje. Jutros sam ga, veli, pomilovala za podvaljak, pa mek kao rukavica i miriše sav na parfim!" Al', opet, mi kao vrtimo glavom, jer može čovek imati kožu meku kao rukavica, i mirisati na parfim, pa opet da ima revolver u džepu. Onda nam kaže sobarica: „Ja ću da kidišem na njega!" Ima, znaš, hrabrih sobarica, pa smeju tako da kidišu na čoveka! Kucne ona na vrata, a otud odgovara onaj kao golub: „Slobodno!" Nama zaigra srce...
ŽIKA: ...I siđe u pantalone!
MILISAV: Siđe, bome! Nije da kažeš da me je strah, al'... opet znaš, nisam rad da poginem. Ja sam, vidiš, kadar da nasrnem golim grudima na čitav bataljon neprijatelja — ali kad ima gde da se zaklonim da ne može da me pogodi. Nije što je mene strah da me on pogodi, nego samo zato što nisam rad da poginem!
ŽIKA: Pa koje prvi ušao?
MILISAV: Sobarica.
ŽIKA: A onaj?

XIV
VIĆA, PREĐAŠNJI

MILISAV: Ah, eto, gospodin Vića, pa nek ti on kaže.

VIĆA: Šta to?

MILISAV: Pričam gospodin-Žiki kako se kapetan jutros prepao.

VIĆA: Kukavica! Eto, molim vas, ljudi, pala mu u ruke jedna krupna stvar, mogli bi najmanje petnaest njih da pohapsimo, a on ne sme. A gde je on, boga vam?

ŽIKA: Otišao da pošlje depešu ministru.

VIĆA: Pa što, brate, nije čekao ja da mu je konceptiram? Ko zna šta će on sve napisati.

MILISAV: Nije, more, toliko zbog depeše; otišao je da se ukloni dok mi izvršimo saslušanje nad onim.

VIĆA: Kako, zar neće on prisustvovati?

ŽIKA: Neće. Veli, može onaj imati bombu, pa bum! A on, što kaže gospodin Milisav, ne bi rad bio da pogine. Nego je kazao da počneš ti isleđenje i bez njega.

VIĆA: Vala i ne treba mi, i volim sam da rukovodim celu stvar. Daj mi, boga ti, gospodine Milisave, one spise nađene kod optuženog.

MILISAV *(dajući mu)*: A, kaže kapetan, treba i dva građanina, prisutnika...

VIĆA: Jes', bome. Šta velite, koga da uzmemo?

ŽIKA: Jednoga imam ovde, a drugoga... jes' bogami, imam i drugoga: juče sam uhapsio Spasu mehandžiju.

VIĆA: Pa zar iz apse?

ŽIKA: A što, brate, ako je i u apsi, on je opet građanin. A nije da kažeš da je za neki zločin, nego proturao lažne dinare. Nije ih on kovao, nego samo proturao; a to, brate, i ja, kad mi se nađe u džepu, gledam da proturim. Pa i sam gospodin kapetan, kad naiđe na olovni groš, odvoji, veli: ovo je dobro za tas kad idem u crkvu.

VIĆA: Ajd', daj mi te tvoje građane!

ŽIKA *(zvoni)*.

JOSA *(na vratima)*.

ŽIKA: Nek uđe gazda Miladin i kaži apsandžiji da mi dovede Spasu mehandžiju.

JOSA *(povuče se)*.

VIĆA *(Milisavu)*: Hoćeš ti, boga ti, gospodin-Milisave, da vodiš zapisnik? Poverljivo je, i posle, taj zapisnik ide ministru.

MILISAV: Ja ću, razume se!

XV

PREĐAŠNJI, MILADIN, zatim SPASA

MILADIN *(ulazi, prilazi gospodin-Žiki i počinje svoje kazivanje)*: Pa taj Josif iz Trbušnice, uvraća tako češće kao čovek u moj dućan...

ŽIKA *(ščepa divit)*: Čuješ, ako mi još jedanput pomeneš toga Josifa iz Trbušnice, ja ću te divitom u glavu!

MILADIN: Pa ja kao mislim...

ŽIKA: Ama šta imaš da misliš. Pozvao sam te ovde da budeš građanin, a kad si građanin, onda nema šta da misliš!

VIĆA: Boga ti, gospodin-Žiko, da mi ustupiš tvoje mesto.

ŽIKA: Hoću! *(Diže se)*: Evo, sedi!

SPASA *(ulazi)*.

ŽIKA: A, eto ga, to je taj građanin iz apse.

SPASA: Ni za šta, bogami, gospodin-Žiko, ni za šta.

ŽIKA: Znam de, verujem ja tebi; a ono što si proturao lažne dinare, to je onako, više šale radi.

SPASA: U brzini, gospodin-Žiko, znaš kako je, u brzini!

ŽIKA: Pa jes', što kažeš, u brzini. U brzini ga primiš, u brzini ga i daš!

SPASA: Jes'!

ŽIKA: Znam, de! Nego, ne valja mu samo što smo ti u fioci našli sto i nekoliko lažnih dinara.

SPASA: Pa nabralo se. Od dana na dan pa se nabralo. Dođe mušterija, traži oku vina...

ŽIKA: A ti njemu oku rđavog vina, a on tebi rđav dinar.

SPASA: Jes', gospodin-Žiko, tako je kako ti kažeš.

ŽIKA: Ništa, ništa, za ovaj put će da te prođe. Treba mi, znaš, ovde jedan građanin koji nije osuđivan, a kako je u ovoj varoši teško naći građanina koji nije osuđivan, to još ako i tebe osudim... Ajde, neka ti prođe zasad, samo da promeniš vino; ono vino ti ne valja.

SPASA: Promeniću, gospodin-Žiko, Izvol'te prekosutra, drugo vino ću otvoriti.

ŽIKA: E sad, hajde tamo kod gospodin-Viće.

VIĆA *(koji je dotle razgledao akta)*: Je l' vi znate zašto ste ovde?

MILADIN, SPASA *(u jedan glas)*: Ne znamo, gospodin-Vićo!

VIĆA: Imam da saslušam jednog vrlo velikog političkog krivca, pa po zakonu treba da su prisutna dva građanina. *(Zvoni Josi koji se pojavi)*: Donesi iz praktikantske sobe dve stolice. *(Josa ode u praktikantsku sobu.)*

SPASA: Ako, da postojimo, gospodin-Vićo!

VIĆA: Ne biva, nije to za malo. Ima tu sat i više posla. *(Josa je doneo i namestio stolice.)*

MILADIN *(sedajući rikne i ripne, prihvatajući se rukom za zadnjicu)*.

ŽIKA: Šta je, more?

MILADIN: Nabodo' se, gospodine, uh, grdno se nabodo'!

ŽIKA: Ako, de, ako! Pa dabome, kad ona stoka Josa uzme Tasinu stolicu. *(Zagleda stolicu i uzima nešto)*: Gle, molim te, metli mu iglu.

MILADIN: Uh, zasvrbe me, do srca me zasvrbe!
ŽIKA: Eh, pa i ti! Nije ti valjda s te strane oko. Šala, brate. Znaš kako je: činovnici se šale između sebe, a ti opet... Sedi, sedi sad slobodno!
MILADIN *(seda s nepoverenjem)*.
VIĆA: Jesi l' previo tabak, gospodine Milisave? Napiši mu tamo „Rađeno" i upiši imena prisutnika. *(Zvoni Josi koji se javlja na vratima)*: Dovedi mi onoga gospodina iz apse.
JOSA: Koga?
VIĆA: Onoga de, jutrošnjega. Kao da su ti pune apsane gospode pa ne znaš koga?
JOSA: A jes'! *(Ode.)*
VIĆA (Milisavu): Jesi li napisao zaglavlje?
MILISAV: Jesam!
VIĆA: Upisao si i ove?
MILISAV: Jesam!
VIĆA *(građanima)*: Slušajte vi, bre! Da ne pričate po čaršiji što ovde čujete i vidite, jer je ovo državna tajna. Jednu reč ako lanete, isprebijaću vas kao mačke, u ime države.
MILADIN, SPASA *(jednoglasno)*: Jok! Kako! Molim te!
VIĆA: Upamtite samo što vam kažem!

XVI

ĐOKA, PREĐAŠNJI

VIĆA *(pri ulasku Đokinom opšti pokret, Vića se iskašljuje i počinje strogo)*: Priđi bliže!
ĐOKA *(mlad, ulizan, udešen; prilazi preplašeno)*: Molim lepo.
VIĆA: Kako ti je ime i prezime?
ĐOKA: Đorđe Ristić.

VIĆA: Odakle si rodom?
ĐOKA: Iz Pančeva.
VIĆA: Pišeš li, gospodine Milisave?
MILISAV: Pišem, pišem!
VIĆA: Kakvo ti je zanimanje?
ĐOKA: Apotekarski pomoćnik.
VIĆA *(bajagi u tome nazire nešto)*: Aha, dakle apotekarski pomoćnik? Zapiši mu tako, gospodine Milisave, kako on kaže, pa ćemo videti već. *(Đoki):* A koliko ti je godina?
ĐOKA: Dvadeset i šest.
VIĆA: Piši! Jesi li bio koji put osuđivan?...
ĐOKA: Nisam.
VIĆA: Čekaj, ne prekidaj! Jesi li bio koj' put osuđivan i zašto?
ĐOKA: Nisam!
VIĆA *(Milisavu)*: Zapiši, gospodine Milisave! *(Đoki):* A znaš li zašto si uhapšen?
ĐOKA: Ne znam!
VIĆA: A možeš li ti meni kazati zašto si uopšte i kojim poslom došao u ovu varoš?
ĐOKA: Ne mogu... to je tajna!
VIĆA *(značajno)*: Tajna? Aha, tu smo! Tako te hoću! Piši, gospodine Milisave: „Upitan zašto je došao u ovosresku varoš, izjavljuje: da je došao po izvesnim tajnim poslovima o kojima vlasti ne smeju znati."
ĐOKA: Nisam tako kazao!
VIĆA: Nego kako si kazao? *(Građanima):* Je li tako kazao?
SPASA, MILADIN *(jednoglasno)*: Tako je, gospodin-Vićo!
ĐOKA: Molim vas, ja sam kazao da je to moja tajna.
VIĆA: Pa tvoja, dabome da je tvoja! Ali sad, kad smo te ulovili, sad je naša. Piši ti samo, gospodine Milisave, kako sam ti kazao.

XVII

KAPETAN, PREĐAŠNJI

KAPETAN *(ulazi obazrivo, trgne se kad se sretne sa Đokinim pogledom, pa kad vide da nema nikakve opasnosti, upadne i ustremi se pravo na Đoku; zastane spazivši ga i posmatra ga)*: Je l' to taj? A? To si ti, je li, golube moj? Dakle ti si? A izabrao si ovuda, kroz moj srez, a? E, moj sinko, mali si ti da meni promakneš! Drugačiji pa sa mnom nisu izlazili na kraj, te ti ćeš! Jesi li počeo, gospodin-Vićo?

VIĆA: Jesam!

KAPETAN: Je l' kazao ime, prezime, godine?

VIĆA: Jeste!

KAPETAN *(spazivši Miladina i Spasu)*: A šta će ovi ovde?

MILADIN I SPASA *(jednovremeno)*: Građani, gospodine!

KAPETAN: More, znam ja da su oni građani, nego šta će ovde?

VIĆA: Pa mora, prisutnici.

ŽIKA: Sami ste vi naredili.

KAPETAN *(seti se)*: A jest, bome! A jesi l' ti, gospodine Vićo, kazao ovim građanima da drže jezik za zube?

VIĆA: Rekao sam im!

KAPETAN *(građanima)*: Obesiću vas za jezik, razumete li, ako čujem da ovu državnu tajnu krčmite u čaršiji! *(Opet gleda Đoku)*: Dakle ti si to, golube moj, a? *(Vići)*: Priznaje li?

VIĆA: Priznaje!

ĐOKA: Ne priznajem ja ništa!

KAPETAN: Ćut'! Reč da nisi kazao. Gle ti njega! Priznaješ, nego šta! A ako ne priznaješ, ti ćeš priznati, jer ja sam već telegrafirao ministru da si priznao. Ne možeš ti valjda sad menjati navode vlasti. *(Vadi iz džepa depešu i daje je Vići)*: Pročitaj mu, gospodine Vićo, kako sam telegrafirao gospodinu ministru da bi se mogao u svojim iskazima držati toga! *(Đoki):* A ti slušaj, pa tako od reči do reči da mi kažeš na saslušanju!

VIĆA *(čita):* „Gospodinu ministru unutrašnjih dela Beograd. Uloživši nečuven trud i požrtvovanje, uspeo sam uhvatiti lice o kome govori vaš telegram Pov. Broj 4742. Prilikom hvatanja izložio sam lično život opasnosti, jer je zlikovac nasrnuo na mene i tek posle očajne borbe uspeo sam svladati ga..." *(Buni se):* Ama, gospodine kapetane...

KAPETAN: Pa šta je, brate, ko je bio centar? Ajd', koje bio centar?

VIĆA: Znam, al' niste ni bili na licu mesta.

KAPETAN: To nema nikakve veze sa krivicom, bio ja na licu mesta ili ne bio. Glavno je, vlast je bila na licu mesta.

ĐOKA: Al' ja se nisam branio.

KAPETAN: A ti što nisi, brajko! Ko ti je kriv što se nisi branio! Čitaj, čitaj samo dalje!...

VIĆA *(čita):* „Iz priznanja okrivljenoga izlazi da je on nihilista, u vezi sa najvećim inozemskim revolucionarima..."

ĐOKA: Ja nisam zlikovac, ja nisam ni za šta kriv, ja protestujem!...

KAPETAN: Ćut', kad ti kažem! Gle ti njega, on misli zvao ga neko ovde da govori!

VIĆA *(čita):* „...I da mu je namera bila kako dinastiju tako i celu državu baciti u vazduh. Iz spisa nađenih pri njemu vide se jasno te njegove namere... Molim za dalja uputstva."

KAPETAN *(Đoki):* Eto, jesi čuo? Pa sad ne možeš ti drukče govoriti no što sam ja već javio ministru! *(Milisavu):* Jesi l' ti zapisao, gospodin-Milisave, da je priznao sve?

VIĆA: Nisam ga još sve pitao.

KAPETAN: Jesi l' ga pitao šta je po zanimanju?

VIĆA: Apotekarski pomoćnik.

KAPETAN *(razočaran):* Šta? Apotekarski pomoćnik?

VIĆA: Pa tako on kaže.

KAPETAN: Pa dabome da on tako kaže. On može reći i da je pevac u Crkvi svetoga Marka, al' smo zato mi tu da cenimo njegov iskaz... Apotekarski pomoćnik. Otkud apotekarski pomoćnik može biti revolucionar?! Piši ti njemu, gospodine Milisave, mašinski šloser, ili bivši ruski oficir, ili, ako hoćeš, bivši španski mornar. *(Đoki):* To si ti, brajko, pogrešio; nego priznaj ljudski i pošteno da si bar mašinski šloser, ako nećeš da priznaš da si bivši ruski oficir ili španski mornar?

ĐOKA: Ja sam apotekarski pomoćnik.

ŽIKA: Pa što, gospodine kapetane, može i to.

KAPETAN: Pa ono, jes' što kažeš, gospodin-Žiko, ti apotekari mešaju otrove, špirituse, bengalske vatre i druge opasne stvari. Al', brate, ne liči mi nekako: apotekarski pomoćnik pa revolucionar. Baš mi nekako ne liči! *(Đoki):* Pa dobro, ajde neka si apotekarski pomoćnik, al' ti priznaješ da si nosio antidinastičke spise?

ĐOKA: Ne priznajem!

KAPETAN: Kako ne priznaješ? A šta je ovo? *(Vići):* Gde su hartije nađene kod njega?

VIĆA *(daje mu)*: Evo!

KAPETAN: A šta je ovo, a?

ĐOKA: To su moje hartije, uzeli su mi ih iz džepa.

KAPETAN: Tvoje hartije, dabome da su tvoje hartije! Al' to je ono! Ovo te kolje, moj brajko, pa bolje ti je, priznaj sve pošteno.

ĐOKA: Ja ne znam šta da priznam.

KAPETAN: Ako ne znaš, ja ću te već naučiti šta ćeš priznati. *(Vići):* Jesi l' pregledao ove hartije, gospodine Vićo?

VIĆA: Nisam, gospodine kapetane.

KAPETAN: E, ajde, to prvo da svršimo. *(Dreši paketić koji je vezan kanapom.)*

ĐOKA: Ja to ne dozvoljavam, to su moje sasvim privatne stvari.

KAPETAN: Gle, gle, privatne stvari. A što hoćeš da baciš državu u vazduh, je l' i to tvoja privatna stvar? Sve ovo mora da se pročita.

ĐOKA: Ali, molim vas...

KAPETAN *(ne slušajući ga)*: Piši ti, gospodine Milisave. *(Diktira):* „Zatim se prešlo na čitanje spisa i hartija nađenih kod optuženoga u..." *(Vići):* Gde je držao ovo?

VIĆA: U unutrašnjem džepu od kaputa.

KAPETAN *(nastavlja diktiranje)*: „...Nađenih kod optuženoga u naročitom unutrašnjem džepu od kaputa." Jesi l' zapisao? Deder gospodine Vićo, po redu. *(Daje mu hartije.)*

ĐOKA: Ali ja vas lepo molim, gospodine kapetane!

KAPETAN: Nemaš ti mene, brajko, šta da moliš; ni ti mene, ni ja tebe. Zar tebi nije jasno to da si ti u rukama vlasti, a kad je neko u rukama vlasti, on ima da ćuti. Razumeš? Čitaj, gospodine Vićo!

VIĆA *(otvorio je prvi listić hartije)*: Ovo je neki račun, šta li?

KAPETAN: Čitaj ti samo!

ĐOKA: Ali zaboga!...

KAPETAN *(Đoki)*: Pst! *(Vići):* Čitaj!

VIĆA *(čita)*: „Veš dat baba-Sari na pranje."

ĐOKA: Eto, vidite!

KAPETAN *(Vići)*: Ama, čitaj kad ti kažem! Ko zna šta se tu krije, jer ti revolucionari imaju tako neke šifre, pa jedno pišu a ono mu drugo znači. Gospodin-Žiko, molim te obrati i ti pažnju.

VIĆA *(čita)*: „Dvanaest marama za nos..."

KAPETAN: Hm! Hm! „Dvanaest marama za nos." Ko bajagi! *(Đoki):* Ajde reci ti nama pošteno šta si time hteo reći?

ĐOKA: To što piše.

KAPETAN: Čitaj, gospodin-Vićo, dalje!

VIĆA: „Šest košulja, tri peškira, četiri para gaća."

KAPETAN: Hm! Hm! „Šest košulja, tri peškira, četiri para gaća." Zar mu to ne dođe, gospodin-Žiko, kao neki raspored vojnih jedinica? A?

VIĆA: „Dve jegerke."

KAPETAN: Dve jegerke, a? I to mi kao nešto sumnjivo dođe. Dve jegerke. *(Đoki):* Deder ti, mladiću, reci iskreno, šta si mislio pod tim „dve jegerke"?

ĐOKA: To što piše!

KAPETAN: Slušaj, mladiću, da ti dam jedan sasvim roditeljski savet. Tebi, vidiš, za ovu tvoju krivicu ne gine kuršum u čelo, pa priznavao ti ili ne priznavao. E, pa onda, što ne bi lepo sve priznao, jer kad bi priznao, ti bi imao jednu olakšavnu okolnost za sebe. Ne kažem da bi ti ta olakšavna okolnost pomogla da te ne vežu za kolac, al' opet, odužuješ se nekako svojoj savesti. I kad te vežu za kolac, ti možeš mirne duše sam sebi reći: „Ginem, al' imam jednu olakšavajuću okolnost!" Veruj mi i poslušaj me, ja ti ovo govorim kao roditelj, radi tvoje budućnosti, jer ti si još mlad čovek pa treba da misliš na svoju budućnost.

ĐOKA: Ama šta vi govorite, gospodine? Kakav kolac, kakav kuršum, nisam ja ništa kriv!

KAPETAN: Dobro, sinko, ja sam pokušao lepim da te privolim, no kad ne pristaješ, kajaćeš se, al' će dockan biti. *(Vići):* Čitaj dalje!

VIĆA: Nema više na ovoj hartiji. Sad ima ovaj notes.

KAPETAN: Ima li što u njemu?

VIĆA *(zagleda u notes)*: Prva strana prazna, samo jedan datum napisan. Na drugoj strani neka pesma.

KAPETAN: Aha, pesma! Oružje, krv, revolucija, sloboda... To, to, čitaj, boga ti, Vićo!

ĐOKA: Ja bih vas molio!

KAPETAN: Je l' hoćeš da priznaš?

ĐOKA: Ama nemam šta da priznam.

KAPETAN: Čitaj!
VIĆA *(čita)*:

Svaki, dušo moja,
Snosi ljubav razno,
Al' men' je bez tebe
Uvek srce prazno!

KAPETAN: Cvrc! Pa to, bre, nešto kao iz lire! *(Đoki):* Imaš li ti, brate, što opasnije? Ovo nije ništa! *(Vići):* Ima li još?
VIĆA: Ima! *(Čita.)*

Ja te volim, dušo,
Žarom srca svoga,
Ti si meni zvezda
Srca mlađanoga!

KAPETAN: Svirajte mi, tamburaši, jedan, dva! Je l' tako, gospodin-Žiko?
ŽIKA: Pa liči pomalo.
KAPETAN *(Đoki)*: Sram te bilo, i ti si mi revolucionar! Dvanaest marama za nos, peškiri, gaće. Kamo ti puške, bombe, a ne „četiri para gaća". Pa onda, mesto da si napisao kakvu ljudsku proklamaciju da je policiji čisto milo da ti metne bukagije na noge, a ti „Dušo moja, žića mlađanoga, jedan, dva!..." Ima li još što, gospodine Vićo?
VIĆA: Ima na ovoj strani neki zapis.
KAPETAN: Čitaj!
VIĆA *(čita)*: Protivu zatvora.
KAPETAN: Kako reče?
VIĆA: „Protivu zatvora".

KAPETAN: Aha, aha, tu može još da bude nešto. Naslov je sasvim politički: „Protivu zatvora." Jer ti novi ljudi su za to da se ukine vojska, da se ukine činovništvo, da se ukinu zatvori. Što se tiče vojske, ne razumem se u vojničkim stvarima, ali što se tiče činovništva, kako može da se ukine, pitam ja vas? Ti si za to da se ukine, al' ja, brate, nisam, jer imam trideset i dve godine ukazne službe. Počekaj još osam godina, da napunim godine za punu penziju, pa ukidaj posle. A hoćeš da se ukinu i zatvori? Pa dobro, pitam ja tebe *(Đoki):* gde bih ja tebe od jutros uhapsio da su ukinuti zatvori? Ajd', reci mi, gde bih te držao u apsi? *(Vići):* Deder da ga čujemo, šta kaže protivu zatvora?

VIĆA *(čita)*: „U jednu čašu vruće vode metni jednu kašiku gorke soli, rastvori to, ispij i šetaj malo zatim."

KAPETAN *(razočaran)*: Pa ovo je ono... zbog stomaka...

VIĆA *(čita)*: „Najpodesnije je sredstvo ricinus, koji se može uzeti u pivu, mleku ili..."

KAPETAN: Jest, to je za ono. To ti, gospodin-Žiko, da prepišeš. Ti patiš od tih stvari. *(Vići):* Pa je l' to sve?

VIĆA *(razgledao je notes)*: Nema ovde u notesu ništa više.

KAPETAN: Ama baš ništa? Jesi l' dobro pregledao?

VIĆA: Nema.

KAPETAN: Ima li još kakve hartije?

VIĆA: Ima jedno pismo.

ĐOKA *(skoči besno)*: To ne dozvoljavam! *(Hoće da ščepa pismo.)*

KAPETAN: De! *(Pobegne iza Milisavljevog stola. I svi ostali poskoče preplašeno.)*

ĐOKA: Pre ću poginuti no što ću dozvoliti!

KAPETAN: Aha! Aha! Tu smo! Nagazili smo na žulj! *(Dočepa zvonce i zvoni):* Tu smo, dakle, golube, pipnuli smo tamo gde boli! *(Pojavi se Josa na vrata):* Ima li još koga tu?

JOSA: Aleksa!

KOMEDIJE I

KAPETAN: Zovi ga, dođite obojica!
JOSA *(mane glavom te ulazi i Aleksa)*.
KAPETAN: Držite ovoga!
ĐOKA: Ali, gospodine kapetane!
KAPETAN: Držite ga, kad vam kažem! *(Tek kad ga uhvate, kapetan se oslobodio i priđe mu)*: Držite ga čvrsto, taj preti! Zapiši, gospodine Milisave, da je hteo nasrnuti na mene! Vidiš li, gospodine Vićo, da sam tačno izvestio gospodina ministra da sam s opasnošću života vršio istragu! Ali ne marim, ne marim, gospodo, ni svoj život da dam kad treba poslužiti državi! Deder, čitaj, čitaj, boga ti, gospodine Vićo, jer izgleda da sad tek nailazi ono što je glavno. *(Đoki):* Je l' tako? To pismo te boli, je li? E, onda čitaj, gospodine Vićo, znaš kako mi je uživanje tuđa pisma da čitam. Samo molim te slovo po slovo, svaku reč da čujemo.
VIĆA *(čita)*: „Dušo moja."
KAPETAN *(razočaran)*: Opet „dušo moja"! *(Đoki):* Ama, ti si, bre, neka šušumiga!
ĐOKA: Molim vas, ja ne dozvoljavam da me vređate!
KAPETAN: E, boga ti! Pazi, molim te, šta mi nakaziva! Da te ne vređam, je li? A ti što vređaš državu, to ništa, je li? Čitaj, boga ti, gospodine Vićo!
ĐOKA: Ja vas preklinjem, gospodine kapetane, da ne dozvolite čitanje toga pisma. Ako već mora biti, pročitajte ga vi sami!
KAPETAN: A, ne! Ovako, javno! Nemam ja s tobom ništa pa da nasamo čitam tvoja pisma. Ovako javno, svi da čuju. Ne slušaj ga, gospodine Vićo, nego čitaj! Slušajte!
VIĆA *(čita)*: „Da bi ti bilo sve jasno, moram ti izneti celu situaciju ovamo kod nas..."
KAPETAN *(zadovoljan)*: Tako, brate, jedva jedanput nešto revolucionarno. Situacija, dakle, a? Deder da čujemo tu situaciju? Slušajte svi pažljivo da nijednu reč ne ispustimo!

| 191 |

VIĆA *(čita)*: „Moj otac, iako je sreski kapetan, starovremenski je čovek ili, ako hoćeš iskreno da ti kažem, glup je i ograničen. On je pre bio poštar, pa je tamo nešto zabrljao, te su ga najurili iz službe pa je docnije prešao u policiju..."

KAPETAN *(najpre je sa radoznalošću, zatim sa zaprepašćenjem slušao početak pisma, prelazeći ispitujućim pogledom sve redom; najzad mu se na licu izražava jasno saznanje i on očajno drekne)*: Čekaj! *(Zbuni se, ne zna šta će)*: Ovaj, kako da kažem!... Čekaj, molim te! Ko piše to pismo?

VIĆA *(zagledao je kraj pisma; zlobno)*: Piše ga vaša ćerka, gospodine kapetane!

KAPETAN: Šta kažeš? To ne može biti! Otkud moja ćerka može biti tako pismena?

VIĆA: Eto, vidite potpis ako ne verujete. *(Daje mu pismo.)*

KAPETAN *(zagleda potpis)*: „Marica!"... *(Poražen, slomljen, hukće i šeta uzbuđeno. Najzad zastane pred Vićom i više poverljivo)*: A ovaj... Šta bi ti rekao, gospodin-Vićo, na koga se kao odnosi ovo što ona piše?

VIĆA: Pa na vas, izgleda.

KAPETAN: I ja bih tako rekao. Odmah sam poznao sebe. *(Građanima)*: Ne slušajte vi, bre, svašta! Niste vi pozvani ovde da sve čujete! *(Metne pismo u džep)*: Ovo se pismo, gospodine Vićo, neće čitati!

VIĆA: Mora, gospodine kapetane.

KAPETAN: Ovo se pismo neće čitati! Gde piše da se moraju čitati pisma koja piše moja ćerka?

VIĆA: To je dokumenat nađen u džepu kod okrivljenoga, a ovo je istraga. A pošto ja vodim istragu, to hoću da se držim zakonskih propisa.

KAPETAN: Ti da se držiš zakonskih propisa? E, blago zakonu ako se i ti prihvataš za njega!

VIĆA *(zlobno)*: Iz ovoga se pisma vidi da gospođica voli nekog i zato se prema čestitim domaćim sinovima onako ponaša. Pa kad je tako, onda bar neka pukne bruka!

KAPETAN: Je l' to tebe boli?

VIĆA: To je moja stvar šta mene boli, ja samo tražim da se čita pismo radi potpunosti istrage!

KAPETAN: Jok! Ovde se neće čitati. Čitaćemo ga posle ja i ti, kad ostanemo sami.

VIĆA *(ščepa kapu)*: Onda, gospodine kapetane, ja odoh! *(Pođe.)*

KAPETAN: Kuda, more?

VIĆA: Napuštam dužnost i idem na telegraf da podnesem gospodinu ministru telegrafski ostavku i da kažem zašto je podnosim.

KAPETAN: Pa ne moraš, brate, ministru da kažeš, možeš i meni.

VIĆA: Dovde mi je već došlo. Ja se mučim i hvatam ovoga razbojnika, a vi telegrafirate „s opasnošću života uhvatio sam ga". Ja gutam to i trpim, jer imam druga obećanja, a ono — evo, gospođica piše ljubavna pisma. Pa sad ne date još ni da se čita, iako to mora da bude.

KAPETAN: Čekaj, de! Čekaj malo! *(Građanima):* Ama, jesam li ja vama kazao da ne slušate! Pazi, nemojte vi da mi platite za sve! *(Žiki):* Je l' mora, gospodin-Žiko, da se čita pismo?

ŽIKA: Pa ono, mora!

ĐOKA: Bolje nemojte čitati dalje.

KAPETAN: Ti da ćutiš, jesi l' čuo. *(Milisavu):* Je l' i ti, gospodine Milisave, veliš da se mora čitati?

MILISAV: Pa jes'!

KAPETAN: Dobro! Sedi, gospodine Vićo, pa nastavi posao. A pismo čitaj ti, gospodin-Žiko *(Daje mu)*: Baš da ga ne uživa gospodin Vića. *(Građanima):* A vi nemojte slušati, jer će da vas izede đavo!

ŽIKA: Je l' ispočetka?

KAPETAN: Ama kako ispočetka? Što smo čuli, čuli smo! Čitaj odande gde smo stali...

ŽIKA: „A docnije prešao u policiju."

KAPETAN: Odatle, jes'!

ŽIKA *(čita)*: „Pa on i majka navalili da pođem ovde za jednog sreskog pisara, jednog preispodnjeg klipana koji liči na petla, a i inače je nitkov i lopov prvoklasan, te ceo srez pišti od njega..."

VIĆA *(plane i skoči)*: Molim, ja ne dozvoljavam da se čita to pismo.

KAPETAN: Ehe!

VIĆA: Ja neću to da trpim, ja ne dozvoljavam!

KAPETAN: E, vidiš li, sinko goli, na šta izađe stvar? Zaokupio tu: dokumenat, zakon, istraga, a ono eno šta ispade! Ama čim tebi padne na pamet zakon, gospodine Vićo, znao sam ja da će tu nešto naopako izaći...

VIĆA: To je sramota da jedna gospođica, ćerka našeg starešine...

KAPETAN *(nastavlja)*: Izgrdi tog istog starešinu.

VIĆA: To je drugo.

KAPETAN: Zašto drugo?

VIĆA: Ono je više vaša familijarna stvar. Ali je ovo uvreda u zvaničnoj dužnosti. Ja ću podneti tužbu za nanetu mi uvredu.

KAPETAN: Sasvim. Podnesi je meni!

VIĆA: Znam ja kome ću podneti! *(Iz kapetanove privatne sobe čuje se tresak, kao da se razbijaju sudovi. Vrata se naglo otvaraju i otud lete u kancelariju: tanjiri, šerpenje i saksije sa cvećem. Svi zaprepašćeni skaču sa svojih mesta. Otvaraju se vrata od praktikantske sobe, te svi praktikanti nagrnu na vrata.)*

KAPETAN *(skoči prestravljen)*: Šta je to, more?

XVIII

ANĐA, zatim MARICA i PREĐAŠNJI

ANĐA *(pojavi se usplahirena na vratima)*: Čoveče! Ako si muž, ako si otac i ako si vlast, a ti pomaži!
KAPETAN: Ama kakav je to lom?
ANĐA: Porazbija ti ćerka sve po kući!
KAPETAN: Gle, razbojnika! Zar malo što nam svima ovde okači repove, nego sad još i kuću razbija! Gde je ona?
MARICA *(dolazi i prilazi pravo ocu)*: Evo me! *(Spazi Đoku, pa mu poleti)*: Đoko, slatki Đoko!
KAPETAN *(iznenađen)*: Šta-a-a-a? Đoka?!
ANĐA *(takođe iznenađena)*: To... Đoka?!
MARICA: Jeste, jeste, to je Đoka.
KAPETAN *(miriše Đoku)*: Bog i duša, on je! Miriše na promincle.
ANĐA *(još nikako ne može da dođe k sebi)*: Ama onaj Đoka?
KAPETAN: Pa onaj de, što se buniš!
MARICA: Jeste, onaj Đoka. Ja sam ti kazala, majka, da će on doći i, evo, došao je. Išla sam i u kafanu, tražila sam ga.
KAPETAN: Ko išao?
MARICA: Ja!
KAPETAN: Pa šta imaš ti da ideš kad nisi određena da ga hvataš?
MARICA: Tako, išla sam i čula da je uhapšen.
KAPETAN: E dobro, čula si i sad si ga videla, a sad, ajd' tamo u sobu da mi nastavimo svoj posao.
MARICA: Ne, ja neću da se odvojim od njega. Ja ću ga ovde, pred celim svetom, zagrliti, pa ne možete da me odvojite. *(Zagrli čvrsto Đoku.)*
VIĆA *(drekne)*: Molim, ja protestujem! Ovo je kancelarija, ovo je zvanični izviđaj, ovo je državno nadleštvo; i ja protestujem da se u državnom nadleštvu privatna lica grle i ljube.

KAPETAN: Ama čekaj de, pa ti! Šta si zaurlao?

VIĆA: Molim da se zapiše u protokol istrage da se ovde, u kancelariji, privatna lica ljube i grle pred očima vlasti.

KAPETAN: Ama pusti mene prvo da prečistim račune!

VIĆA *(besan)*: Ja protestujem u ime državnog morala i ja, u ime države, izjavljujem da ovo ne mogu da gledam svojim očima. Ja nisam dužan u zvaničnoj dužnosti da gledam ljubljenje i grljenje u državnom nadleštvu i izjavljujem da smatram to kao uvredu u zvaničnoj dužnosti. Izvol'te vi sami nastaviti istragu! *(Ščepa kapu i naglo ode.)*

XIX

PREĐAŠNJI, bez VIĆE

KAPETAN: Pa jes', tako je, ima pravo čovek. To je uvreda u zvaničnoj dužnosti. *(Spazi praktikante):* A šta ste se vi, bre, tu iskupili, kao da je ovo menažerija? *(Ščepa divite, lenjire i sve što mu dođe pod ruku i gađa ih, te se oni povlače i zatvaraju vrata):* Pa i vi, razbojnici! Napravili se junaci na jednog apotekarskog pomoćnika, a da je hajduk, vi bi leđa uza zid. Napolje! *(Bije pandure nogom u zadnjicu i izbacuje ih tako. Ovom prilikom i jedan od građana, Spasa, nađe se tu nekako te i on izleti udaren nogom. Drugi građanin, Miladin, čim je kapetan pobesneo i počeo ziparati, sakrio se napred, iza rafa za fascikule i tu se šćućurio i ne dišući, te ostaje na sceni sve do kraja.)*

ANĐA *(pokušavajući da mu kaže nešto)*: Jerotije!
KAPETAN: Ćut'!
MARICA: Oče!
KAPETAN. Ćut'!
ĐOKA: Gospodine kapetane!...

KAPETAN: Ćuti, Đoko, jer sad ću te noktima zadaviti! Sve si mi ti ovo, onako apotekarski, zamešao i posolio!

ĐOKA: Hteo sam samo...

KAPETAN: Ćut'! *(Anđi):* Skloni mi ispred očiju i jedno i drugo, skloni mi ih, molim te, jer mi se smrklo.

ANĐA *(uhvati Đoku i Maricu i odvodi ih u svoju sobu).*

XX

KAPETAN, ŽIKA, MILISAV

KAPETAN *(Žiki i Milisavu)*: Videste li, ljudi, šta bi ovo? I gospodin ministar sad čita moju depešu: „nasrnuo na moj život", a on ovde, usred kancelarije, nasrnuo na moju ćerku.

ŽIKA: Ovaj...

KAPETAN: Znam šta hoćeš da kažeš: nasrnula ona na njega. Al' to je svejedno. Pući će bruka po čaršiji; onaj Vića će razglasiti na sve strane.

ŽIKA: Jest, naljutio se mnogo!

KAPETAN: A šta misliš, kuda je otišao on?

ŽIKA: Pa... valjda na telegraf.

KAPETAN: Na telegraf? Šta će tamo?

ŽIKA: Pa valjda da telegrafira ministru.

KAPETAN: Ministru? Kakvom ministru, pobogu brate! Šta ima on da telegrafira ministru? Gospodin-Milisave, potrči, boga ti, za njim i reci mu neka se ne šali da mi muti vodu. Dosta mi je zamutio ovaj Đoka, pa sad još i on! *(Milisav se diže i uzima kapu):* A čuj, gospodine Milisave. Ako te počem neće da posluša, a ti kaži telegrafisti da ne sme nijednu depešu, pa ma ko mu je podneo, otkucati dok ja ne pregledam.

ŽIKA: Pa to je cenzura.

KAPETAN: Nego! Kad je u pitanju država i dinastija, zavešću ja i cenzuru i torturu i sekvesturu i pozituru i udariću svakome dvadeset i pet po turu. Ne biva drukče! Ajde, boga ti, gospodine Milisave!
MILISAV *(ode)*.

XXI

KAPETAN, ŽIKA

KAPETAN *(sedne umoran na stolicu i hukće)*: Pa šta sad, gospodin-Žiko, pobogu brate; šta me savetuješ sad da činim? Kud ću i šta ću s ovim Đokom?
ŽIKA: Ja bih kao rekao...
KAPETAN: Govori!
ŽIKA: Pa, vi ste stari policajac, znate već kako se u takvim prilikama radi.
KAPETAN: Ama i da znam, ne pada mi sad ništa na pamet. Nego govori ako znaš.
ŽIKA: Pa, mislim Đoku da pustite da pobegne, a gospodinu ministru da telegrafirate: „Pored sveg strogog nadzora, ono sumnjivo lice noćas pobeglo iz zatvora..."
KAPETAN *(razmišlja)*: Hm!.. Pobeglo... Dobro, može Đoka i pobeći, ali spisi, antidinastički spisi? Ne mogu ja kazati gospodinu ministru: „Pobegao Đoka i odneo antidinastičke spise." Je l' da ne mogu? I onda će gospodin ministar odgovoriti meni: „Dobro, pobegao, al' pošlji spise." A šta da mu pošaljem, gospodine Žiko, je l' onaj lek od zatvora i ovo pismo u kome smo namolovani ja i gospodin Vića? Je l'... ajde reci!

XXII

JOSA, PREĐAŠNJI

JOSA *(promoli glavu kroz vrata ne smejući da uđe)*: Depeša.
KAPETAN *(skoči kao oparen)*: Depeša? Daj ovamo! *(Ščepa mu. Josa se povlači. Nervozno otvara i čita potpis):* Ministar!... Uh, presekoše mi se noge. *(Klone u stolicu)*: Ja ne smem da je čitam. Čitaj ti, gospodin-Žiko! *(Daje mu.)*
ŽIKA *(čita)*: „Lice o kome je reč u vašem telegramu od sedamnaestog ovog meseca uhvaćeno je u srezu ivanjičkom..."
KAPETAN: Eh, nazdravlje!
ŽIKA *(nastavlja čitanje)*: „Lice koje ste vi uhvatili verovatno je jedno od takvih, stoga ga sprovedite u Beograd pod strogom stražom, zajedno sa svima spisima pri njemu nađenim."
KAPETAN: Nazdravlje!... *(Pauza)*: Šta sad, moj gospodin-Žiko?
ŽIKA: Nemate kud, morate ga sprovesti.
KAPETAN: Koga? Đoku? More ću da ga sprovedem, vezanog ako hoćeš; metnuću ga u džak, kao mačku, pa ću da ga pošljem u Beograd! Ali šta ću sa spisima? Vidiš li da gospodin ministar ima pik na ove spise?
ŽIKA: Znate šta, gospodine kapetane? Ako hoćete mene da poslušate?...
KAPETAN: Govori, gospodin-Žiko, bog iz tebe progovorio!
ŽIKA: I da presečete ovu bruku što vam se ćerka grlila u kancelariji i da sprovedete Đoku u Beograd i da se izvinite pred gospodinom ministrom; najbolje, idite vi tamo u sobu pa blagoslovite proševinu, pa onda zajedno sa ćerkom i zetom Đokom otputujte vi lično u Beograd, pa tamo sami lično gospodinu ministru...
KAPETAN *(gleda ga i razmišlja)*: Ama, boga ti, misliš li da će tako biti dobro? *(Razmišlja i vrti glavom)*: Slušaj, gotovo ćeš ti da imaš pravo. Sam ga sprovedem, ponesem i ove spise i ovaj... dabome,

mogu gospodinu ministru kazati da je sve to zamesio gospodin Vića iz ljubomore. Gospodinu Vići i onako ne treba služba! *(Odluči se):* Pravo kažeš, gospodine Žiko, tako ću da uradim! *(Ode u sobu.)*

XXIII

ŽIKA, MILADIN

ŽIKA *(ostavši sam, hukne i seda na svoju stolicu. Nađe odnekud onu krpu koju je ranije držao oko glave, pipa je, pa kad vidi da je još vlažna, metne je na čelo; zatim nasloni glavu na obe ruke).*

MILADIN *(izviri iza rafa, pa kad vidi da je gospodin Žika sam, prilazi obazrivo i staje pred njegov sto)*: Pa taj Josif iz Trbušnice uvraćao je tako kod mene u dućan kao čovek...

ŽIKA *(skoči razjaren i najpre ga tresne onom krpom sa glave, a zatim zaspe ciglama, aktima i svim što dočepa sa stola).*

BELEŠKA O PISCU

Branislav Nušić, velikan srpske književnosti i najpoznatiji srpski komediograf, rođen je kao Alkibijad Nuša 1864. godine u Beogradu, u cincarskoj porodici. Detinjstvo je proveo u Smederevu gde se porodica ubrzo po njegovom rođenju preselila zbog finansijskih neprilika.

U gradu svog detinjstva završio je osnovnu školu i prva dva razreda gimnazije, a više razrede gimnazije u Beogradu gde je i maturirao. Postavši punoletan, zvanično menja svoje ime u Branislav Nušić.

Studije prava započinje na Univerzitetu u Gracu, ali se zbog nedostatka finansijskih sredstava tamo zadržava svega godinu dana. Školovanje nastavlja na beogradskoj Velikoj školi gde je i diplomirao pravne nauke 1884. godine.

Učesnik je kratkog Srpsko-bugarskog rata iz 1885. godine.

Zbog satirične pesme *Dva raba* objavljene u „Dnevnom listu" 1887, osuđen je na dve godine zatvorske kazne. Zahvaljujući očevoj pomoći, iz zatvora u Požarevcu pušten je posle godinu dana.

Desetogodišnju diplomatsku karijeru započinje 1889. godine, kao pisar u Bitolju, a završava kao vicekonzul u Konzulatu Kraljevine Srbije u Prištini. Službovao je i u Serezu, Solunu, Skoplju.

U Beograd se vraća 1900. kada je postavljen za sekretara Ministarstva prosvete. Nakon toga postaje dramaturg Narodnog pozorišta, a 1904. imenovan je za upravnika Srpskog narodnog pozorišta u Novom Sadu. Na ovoj poziciji zadržao se godinu dana.

BELEŠKA O PISCU

Po povratku u Beograd, počinje da se bavi novinarstvom. Jedan je od prvih saradnika „Politike", gde odmah po osnivanju lista počinje da uređuje rubriku *Iz beogradskog života*. Zanimljivo je da je na njegovo insistiranje, a pošto mu se učinilo da je tema rubrike i suviše uska, otvorena nova rubrika pod nazivom *Sve je to već jednom bilo*. Nušić je svoje tekstove za ovu rubriku pisao pod pseudonimom jevrejskog mudraca Bena Akibe, koji je autor ove krilatice.

U zimu 1912. godine postavljen je za prvog okružnog načelnika Bitolja. Odatle se posle godinu dana seli u Skoplje gde je organizovao pozorište i bio na njegovom čelu do 1915.

Iz Skoplja se zajedno sa srpskom vojskom povlači preko Albanije na Krf, a zatim do kraja Velikog rata boravi u Italiji, Francuskoj i Švajcarskoj, obavljajući razne državničke poslove, među kojima i sekretara Narodne skupštine.

Nakon rata, 1919. godine, postavljen je za prvog upravnika Umetničkog odeljenja Ministarstva prosvete. Na ovoj poziciji ostaje sve do 1923. godine kada biva imenovan za upravnika Narodnog pozorišta u Sarajevu. U Beograd se vraća 1927. godine.

Za redovnog člana Srpske kraljevske akademije izabran je 1933. godine.

Autor je najznačajnijeg predratnog udžbenika retorike u Srbiji (1934) a dao je i važan doprinos razvoju srpske fotografije. Dobitnik je mnogobrojnih odlikovanja, među kojima su i Ordeni Svetog Save i Belog orla.

Preminuo je u januaru 1938. godine od posledica plućnog edema. Ostalo je zabeleženo da je toga dana fasada zgrade Narodnog pozorišta u Beogradu bila uvijena u crno platno. Sahranjen je na beogradskom Novom groblju.

BELEŠKA O PISCU

Branislav Nušić iza sebe je ostavio impozantan književni opus. Iako je pisao i romane, priče, eseje i drame, najprepoznatljiviji je po svojim komedijama. Među njima značajno mesto zauzimaju prve dve koje je napisao — *Narodni poslanik* (1883) i *Sumnjivo lice* (1888). Oba komada imala su neobičan i težak put ka pozorišnoj publici, pa ne čudi da su postavljena na scenu tek trinaest, odnosno, u slučaju *Sumnjivog lica*, tek trideset i pet godina kasnije. Iako je u svojim komedijama slikao društvene anomalije i negativne pojave u srpskom društvu s kraja XIX i početka XX veka, njegovi, ostrašćeni i ambiciozni u svojim nastojanjima da ugrabe vlast, moć, bogatstvo i dominaciju nad drugima, likovi, u velikoj meri prepoznatljivi su i u savremenom društvu.

SADRŽAJ

Narodni poslanik..................1
Sumnjivo lice................123

Branislav Nušić
KOMEDIJE I:
NARODNI POSLANIK, SUMNJIVO LICE

London, 2023

Izdavač
Globland Books
27 Old Gloucester Street
London, WC1N 3AX
United Kingdom
www.globlandbooks.com
info@globlandbooks.com

Naslovna fotografija
Tumisu
(https://pixabay.com/photos/
stand-up-comedy-stage-curtain-6046102/)

www.ingramcontent.com/pod-product-compliánce
Lightning Source LLC
Chambersburg PA
CBHW050354120526
44590CB00015B/1692